HANNA PODDIG

RADIKAL MUTIG

## Zu diesem Buch

Es besteht dringender Handlungsbedarf, die herrschenden Verhältnisse zu verändern – Hanna Poddig belässt es dabei nicht bei Lippenbekenntnissen. Sie ist Aktivistin im besten Sinne des Wortes: Ob beim Einkauf im Supermarkt, am Ticketschalter in der U-Bahn oder beim Energiesparen: Sie geht in ihrem Alltag radikal, aber immer friedfertig »mit gutem Beispiel« voran. Und wo es nötig ist, greift sie zu deutlicheren Mitteln, kettet sich an Gleise, besetzt Bäume oder demonstriert vor Atomkraftwerken.

Im Bewusstsein, dass jeder Veränderung die Einsicht vorausgeht, zielt Hanna Poddig auf eine Revolution im Kleinen ab. Ihr Protest genauso wie ihre mitreißenden Ideen dienen stets dazu, ihre Umwelt zum Nachdenken anzuregen.

## Zur Autorin

Hanna Poddig, geboren 1985, ist »Vollzeitaktivistin«. Sie war fünf Jahre lang bei der Umweltorganisation Robin Wood aktiv und ist außerdem engagierte Globalisierungskritikerin, Rüstungs- und Militarismusgegnerin. Auf vielen Kongressen, Camps und Tagungen hat sie ihre Ideen und Ansichten bereits vorgestellt, TV-Anstalten wie rbb und WDR sowie viele Printmedien wie *taz*, *Frankfurter Rundschau* oder *Neues Deutschland* haben ihren alternativen Weg bereits vorgestellt. Hanna Poddig lebt in Berlin.

HANNA PODDIG

# RADIKAL MUTIG

Meine Anleitung zum Anderssein

Rotbuch Verlag

Mixed Sources
Product group from well-managed forests and other controlled sources
www.fsc.org Cert no. SA-COC-001819
© 1996 Forest Stewardship Council

ISBN 978-3-86789-085-4

1. Auflage

Umschlaggestaltung: Buchgut, Berlin
Druck und Bindung: CPI Moravia Books GmbH

Ein Verlagsverzeichnis schicken wir Ihnen gern:
Rotbuch Verlag GmbH
Neue Grünstraße 18
10179 Berlin
Tel. 01805/30 99 99
(0,14 Euro/Min. aus dem deutschen Festnetz,
abweichende Preise für Mobilfunkteilnehmer)

*www.rotbuch.de*

# INHALT



## ANHANG

**»ICH STUDIERE.** Und was machst du so?«

»Ich bin so was wie Vollzeitaktivistin und grad schreib ich auch noch an einem Buch.«

»Das ist ja spannend. Worüber denn?«

»Über mich und meinen Aktivismus.«

»Was? Du bist dreiundzwanzig und schreibst eine Autobiografie?«

»Nein, so ist es nicht. Es ist keine typische Autobiografie. Es ist mehr so etwas wie eine Anleitung.«

»Eine Anleitung?«

»Na, mittlerweile gibt es doch Reiseführer, die nicht mehr Reiseführer heißen, sondern ›Gebrauchsanweisung für Schweden‹ zum Beispiel. Und so betrachtet, ist dieses Buch so etwas wie ein Reiseführer.«

»Wofür das denn nun?«

»Hm, na ja, für aktivistisches, widerständiges Leben.«

»Eine Gebrauchsanweisung für das Leben?«

»Vielleicht nicht für das Leben als solches, aber dafür, wie eine Möglichkeit aussehen könnte, es kreativ, subversiv und politisch zu gestalten.«

# 1

## ... aus dem Container?

Da habe ich Leute zum Essen eingeladen und die wollten doch tatsächlich eine Woche vorher schon wissen, was es gibt. Das weiß ich doch noch nicht – wie soll ich denn ahnen, was dann in den Containern liegt? Ja, richtig gelesen. In den Containern. In den Müllcontainern der Lebensmittelmärkte. Jetzt fängt es bei den meisten Leuten schon an mit den Assoziationen: Schimmel, Windeln, Tampons, Kaffeesatz und stechender Geruch. Aber ich muss die Erwartungen enttäuschen – nichts derart Ekliges ist meine Nahrungsquelle, sondern Tonnen, die sich als Mülltonnen tarnen und in denen sich gute Lebensmittel verstecken. So staunen dann auch immer wieder Leute, was ich so alles hervorzaubere, und noch dazu, in welchen Mengen. Da landen schon mal zehn Packungen Chips an einem Abend auf dem Tisch, und Schoko-Osterhasen kann ich auch schon nicht mehr sehen ...

Lebensmittel haben eine weite Reise hinter sich, bevor sie auf den Tischen der Verbraucher_innen landen. Oft haben sie schon ein paar Hundert oder Tausend Kilometer in Zug, LKW oder Flugzeug zurückgelegt, sind fünfmal quer durch Deutschland gefahren und immer neu verpackt worden und dann erst im Regal des Ladens angekommen. Und an jedem dieser vielen Aufenthaltsorte werden die Lebensmittel weniger – nicht etwa, weil sie schlecht wären, sondern weil irgendetwas mit ihnen »nicht stimmt«. Gemüse zum Beispiel muss immer gekühlt sein. Wenn nun aber die Kühlung des LKW auf der Fahrt von Spanien hierher mal drei Minuten ausgefallen ist, dann wandert die gesamte Wagenladung auf den Müll. Nehmen wir an, die Lebensmittel haben es bis zum Großhändler geschafft, und der merkt nun, dass bei einem Marmeladenglas ein falsches Etikett aufgeklebt ist. Da steht, Erdbeeren seien drin, und dabei waren es doch Kirschen. Pech für die Kirschmarmelade, denn kein Einzelhändler möchte das seinen Kund_innen anbieten. Pech auch für fünf weitere – korrekt deklarierte – Gläser, denn Marmelade wird beim Großhandel nur im Sechserkarton verkauft. Also: ab damit in den Müll. Und noch ein Blick auf den Einzelhandel: Die Schokodragees sind zwar noch drei Monate haltbar, aber die neue Lieferung ist schon da und im Discounter ist kein Lagerplatz. Auch hier gibt es für die Dragees nur einen Weg: den in die Tonne.

Unmengen von Lebensmitteln werden weggeschmissen, weil es sich finanziell nicht lohnt, damit sparsam umzugehen. Es ist billiger, neue Marmelade zu kaufen, als ein Etikett abzulösen und ein neues draufzukleben. Es ist sogar billiger, sechs neue Gläser Marmelade zu kaufen, als fünf bis zum nächsten Tag aufzuheben, wenn wieder an einer Sechserpackung etwas »nicht stimmt« und das sechste Glas wieder aufgefüllt werden könnte. Konsument_innen und der Einzelhandel erwarten fehlerfreie Ware. Die Lebensmittel reduziert abzugeben lohnt sich meist nicht, die Gewinnspanne wäre dann zu niedrig. Es kommt am Ende mehr Geld dabei heraus, wenn neue Ware bestellt wird und die »nicht stimmige« ohne größeren Arbeits-, Zeit- und Personalaufwand im Müll verschwindet.

Und genau hier werde ich aktiv. Nachtaktiv meistens. Dann gehe ich zu den Containern und nehme mir, was niemand mehr verkaufen will. Meistens schleppe ich mich ganz schön ab damit, weil es alles so wahnsinnig gut aussieht und ich mir vorstelle, was ich alles Tolles kochen könnte – im Endeffekt muss ich doch auch wieder die Hälfte wegwerfen. Na ja, das Fitnesstraining »Paprika tragen« hat mir sicher auch nicht geschadet.

Ich mache das nicht aus Armut, ich mache das, weil es mich ankotzt – Entschuldigung, aber es verhungern verdammt noch mal Menschen auf dieser Welt –, wie viele Lebensmittel aus Profitgründen weggeschmissen werden. Laut UNICEF sterben 24 000 Menschen täglich an Unterernährung oder den Folgen davon; andere Zahlen sprechen von weit mehr Menschen, etwa die Hälfte davon Kinder unter fünf Jahren. Nur zum Vergleich: Die nordfriesische Stadt Husum hat ungefähr 22 000 Einwohner_innen. Meist hat niemand gegen diese Menschen explizit etwas – sie sind im System Kapitalismus einfach nicht wichtig genug. Übersetzt heißt das: Es gibt nicht immer ein explizites Interesse daran, diese Menschen verhungern zu lassen, denn sie sind schlicht egal.

Aktiv etwas gegen den Hunger habe ich natürlich nicht getan, indem ich den Container des Supermarktes plünderte. Aber umgekehrt hätte ich ja ansonsten (weil auch ich nicht von Luft und Liebe lebe) Essen einkaufen müssen. Und dieser Vorgang wiederum hätte etwas bewirkt. Zwar wären die Lebensmittel, die ich dann hätte kaufen müssen, sicherlich nicht an Bedürftige verschenkt worden, wären sie nicht von mir gekauft worden, aber durch meinen Kauf hätte ich eine Nachfrage nach neuen Waren geschaffen. Und hier wird das Ganze spannend, denn Nachfrage nach Waren bedeutet, dass irgendwo neue Lebensmittel herkommen müssen. Und die entstehen schließlich nicht einfach so aus dem Nichts und gelangen dann wie von Zauberhand ins Supermarktregal, sondern müssen produziert werden. Produktion, ganz egal, ob von Lebensmitteln oder von anderen »Produkten«, hat immer Umweltauswirkungen und soziale Konsequenzen.

Ich denke da an Pestizid- und Düngemitteleinsatz sowie die Auslaugung des Bodens durch Monokulturen, an die Gefährdung der Biodiversität und an den Verlust von Lebensräumen. Mir kommt in den Sinn, dass bestimmte Dinge wie Kaffee oder Soja oder Biospritpflanzen (das Bio zu nennen ist auch ein widerlicher Etikettenschwindel) für den Export angebaut werden, weil deren Weltmarktpreise gerade so sind, dass sie sich eher lohnen als ein Grundnahrungsmittel, obwohl die anbauenden Menschen Hunger leiden. Ich denke an Abhängigkeiten der Bäuer_innen von einigen wenigen Saatgutfirmen, an unterbezahlte Hilfsarbeitende, an Flüchtlinge. Ja, Flüchtlinge. In Griechenland, also an den Außengrenzen der Festung Europa, die sich abschottet gegen alle Menschen, die nicht das Privileg haben, innerhalb der europäischen Grenzen geboren zu sein, arbeiten Menschen für Hungerlöhne, weil sie offiziell gar nicht arbeiten dürfen. Offiziell dürften sie noch nicht einmal dort sein, wo sie sind. Und wenn sie auffallen, werden sie abgeschoben. Nun mag der eine oder die andere denken, es läge an den Landbesitzer_innen, die zu geringe Löhne zahlen, aber auch das ist zu kurz gedacht. Sind es doch die Großhändler und die Nachfrage nach Billiglebensmitteln, die die einzelnen Erzeuger_innen unter Zugzwang setzen. Und hier kommen dann wieder die Verbrauchenden ins Spiel, die sich entscheiden können, was sie kaufen und dementsprechend, wonach sie Nachfrage schaffen. Aber halt, auch das greift zu kurz: Schließlich haben de facto viele Menschen nicht genug Geld, um sich regional, ökologisch, fair gehandelt und mit Waren aus kleinen, selbstverwalteten Kooperativen zu versorgen. Damit wären wir beim Thema Armut, aber das greift vielleicht an dieser Stelle zu weit. Vielleicht aber gerade nicht, denn solche Gedankengänge zeigen die Komplexität von Sachverhalten auf.

In eine Rede zum Thema Welthunger steigt Erasmus Müller von attac mit den Worten ein: »Als kleiner Junge dachte ich: Hunger in armen Ländern kommt daher, dass da nichts wächst und auch noch ständig Dürre ist.« Damit bringt er prägnant auf den Punkt, was viele Menschen für die Ursache von Armut halten. Das Bild in seinem Kopf entspricht zwar nicht der Realität, aber es wird bewusst erzeugt, denn solange wir daran glauben, kommen wir gar nicht auf die Idee, nach den wahren Gründen für Hunger und Armut zu fragen. Wir kommen nicht einmal auf die Idee, dass in vielen Ländern, in denen Hunger auf der Tagesordnung ganz oben steht, weit mehr wächst als hierzulande, und dass die Böden dort teilweise fruchtbarer sind als hier. Und zudem ist dort nicht das halbe Jahr über Winter und somit anbaufreie Zeit. Aber all das wird uns erst viel später klar – wenn überhaupt.

Erasmus beschreibt das so: »Heute weiß ich: Dass 850 Millionen Menschen hungern, ist ein schmutziges Spiel mit vielen Akteuren. Und wie immer ist es nicht nur Zufall, wenn es jemandem wirtschaftlich dreckig geht.«

Es stellt sich also die Frage, wer an diesem Spiel verdient. Verfolgen wir die Spur von Gewinn, Einfluss, Gestaltungsmöglichkeiten und Geld, landen wir relativ bald in den USA und Europa. Es wäre aber fatal verkürzt, so zu tun, als stünden Menschen in Europa per se immer auf der Seite der Profitierenden dieses Systems. Denn auch hier – das muss ich wohl niemandem ernsthaft erklären – gibt es Armut. Die sieht hier anders aus, aber auch im reichen Europa gibt es nicht nur Gewinnende. Deswegen müssen wir der Spur weiter folgen und stellen dann schließlich fest, dass das Geld über einige wenige Konzerne bei einigen wenigen Menschen landet. Und abgesichert wird das Ganze durch unterschiedlichste Mechanismen und Abkommen, die versuchen, sich hinter Abkürzungen zu verstecken. Konkret sind das zum Beispiel Weltbank, IWF, WTO, NAFTA und EPAs – sie alle agieren mit dem Ziel der Deregulierung, der

Privatisierung und der Erschließung und Kontrolle aller infrage kommenden Märkte weltweit. Damit will ich nicht behaupten, dass im Umkehrschluss gilt, eine Abschaffung dieser Instrumente würde das Grundproblem lösen. Sie sind lediglich Ausdruck der herrschenden Verhältnisse und ihre Abschaffung könnte höchstens ein Schritt von vielen in Richtung einer anders funktionierenden Weltwirtschaftsordnung sein.

Dennoch zur Erklärung, was diese Institutionen genau tun und wie sie ineinander verzahnt sind, hier ein etwas ausführlicheres Beispiel, wieder aus der Rede anlässlich des Welthungertages:

»Kenia. Stell dir vor, du bist Bäuer_in in Kenia. Es ist 1993. Seit du dich erinnern kannst, hast du Weizen angebaut. Den hast du auf dem lokalen Markt verkauft und konntest davon auf dem Markt die restlichen Grundnahrungsmittel für deine Familie einkaufen.

In Europa wird auch Weizen angebaut, und zwar viel zu viel für den europäischen Bedarf. ›Macht nichts‹, denkt sich die EU. ›Der halbe EU-Haushalt ist ja zur Förderung der Landwirtschaft da, also mehrere Zehnmilliarden ECU/Euro. Damit subventionieren wir die Getreideexporte zum Beispiel nach Kenia.‹ Und das tut sie 1993 so stark, dass EU-Weizen in Kenia auf dem Markt nur noch die Hälfte kostet und damit billiger ist als dein Weizen. Niemand kauft mehr bei dir. Pech gehabt.

Kenia hatte natürlich Zölle gegen billigen Import von Dumpingweizen. Aber: 1993/94 will die kenianische Regierung einen Kredit von Weltbank und Internationalem Währungsfonds (IWF). ›Kein Problem, gerne‹, sagen Weltbank und IWF. ›Aber dafür müsst ihr ein ›Strukturanpassungsprogramm‹ durchführen.‹ Das heißt: Zölle und Einfuhrbeschränkungen für Grundnahrungsmittel müssen runter, und die spezielle Förderung von Kleinbäuer_innen muss aufhören.

Dahinter stecken zwei Ideen:

1. Große transnationale Konzerne sollen die gleichen Rahmenbedingungen haben wie Kleinbäuer_innen. Das rangiert zynischerweise unter dem Stichwort ›fairer Wettbewerb‹ und lässt völlig die gewaltige Markt- und Lobbymacht dieser Konzerne außer Acht, mit der sie Märkte erobern und ihre kleinen Konkurrent_innen aus dem Feld werfen können. Dass McDonald's, Nestlé und Coca-Cola überall auf der Welt in Massen anzutreffen sind, liegt nicht daran, dass ihre Produkte sonderlich gut schmeckten oder gesund wären.

2. Jedes Land soll sich auf den Export dessen konzentrieren, was es am besten herstellen kann. Diese Produkte soll das Land auf dem Weltmarkt verkaufen und von dem Erlös seine Grundnahrungsmittel ebenfalls auf dem Weltmarkt einkaufen.

Im Falle Kenias hat sich herausgestellt, dass das Kaffee, Tee und vor allem Schnittblumen sind. Kenia ist heute der weltgrößte Exporteur von Blumen für den Norden. Dein Präsident 1993, Daniel arap Moi, findet diese Umstellung gut, denn er ist selbst Großgrundbesitzer und Agrarunternehmer, kann so eine Umstellung bewältigen und durchaus vom Export profitieren. Der Kredit wird also angenommen und in Kenia ›die Struktur angepasst‹.

Du und Millionen anderer kenianischer Kleinbäuer_innen haben jetzt ein Riesenproblem. Du bist leicht verschuldet, hast keine Rücklagen, zu wenig Land und weder Beziehungen noch Schmiergeld, um auf Blumen oder Kaffee umzustellen und billig für den Export zu produzieren. In einem Land, in dem mehr als die Hälfte der Bevölkerung so wie du von der Landwirtschaft gelebt hat, ist das fatal.

Auch in sogenannten Entwicklungsländern geht die Schere also auseinander: Während das Land als Ganzes in Statistiken vielleicht ein bisschen reicher wird, verlieren vor allem Kleinbäuer_innen, Landlose und Nomad_innen, also der größte Teil der Bevölkerung. Hierbei trifft es aus strukturellen Gründen wie so oft speziell Frauen, die um die siebzig Prozent der weltweit Hungernden ausmachen.

So, du hast jetzt mehrere Möglichkeiten.

1. Du bringst dich um. Das haben in Indien in den letzten Jahren tatsächlich Tausende Bäuer_innen gemacht, die in den Ruin und die Abhängigkeit von transnationalen Saatgutkonzernen getrieben worden waren. Ganz schlechte Lösung. Und deine Familie bleibt ohne dich zurück und weiß immer noch nicht, wo heute Abend das Essen herkommen soll.

2. Du gibst auf und ziehst mit deiner ganzen Familie in den Slum von Nairobi. Das haben schon eine Million Leute vor dir gemacht, sodass mittlerweile sechzig Prozent der Einwohner_innen Nairobis in Slums wohnen. Und wenn du Pech hast, gehören du oder deine Kinder trotzdem zu den rund 20000 Menschen, die weltweit morgen verhungern werden.

3. Du schaffst irgendwie doch die Umstellung für den Export: Schnittblumen, Kaffee oder Tee. Die Sache hat nur einen großen Haken: Nun bist du von Weltmarktpreisen abhängig, und zwar sowohl von denen für dein Exportprodukt als auch von denen für Grundnahrungsmittel, auf die du laut UNO ja eigentlich ein ›Menschenrecht‹ hast.

Nehmen wir also an, du baust nun Kaffee an. Dann braucht nur irgendein anderer Staat Kaffeepreisdumping zu betreiben, und dein Erlös geht in den Keller. Oder es gibt eine Dürre in einer anderen Erdregion, und der Preis für Reis, Getreide und Mais klettert. Oder der reiche Norden kommt auf die Idee, ›Biosprit‹ in seine Tanks zu packen, und der Preis für Lebensmittel klettert. Oder das Erdöl verdoppelt plötzlich seinen Preis und reißt aufgrund der Ölabhängigkeit der industriellen Landwirtschaft die Preise für Lebensmittel mit hoch. Oder eine Milliarde Menschen in China streben den ressourcenverschwendenden westlichen Fleisch- und Milchkonsum an, und der Preis für alle Lebensmittel steigt. Oder das internationale Finanzkapital sucht einen neuen

›Anlage‹-Markt und spekuliert in großem Stil auf steigende Lebensmittelpreise. Leuten, die hungern, kann man Essen teurer verkaufen, und die Deutsche Bank bietet mit ihren Agro-Fonds sogar deutschen Kleinanleger_innen die Möglichkeit, mit vom Hunger zu profitieren. Nur bist du ja leider kein_e Investor_in im Norden, sondern immer noch die Bäuer_in in Kenia. Shit happens.

In den letzten zwölf Monaten ließ sich prima beobachten, dass wenn diese preissteigernden Faktoren zusammenkommen, nach Schätzung des Welternährungsprogramms plötzlich 100 Millionen Menschen mehr hungern. Nicht wissen, wo morgen das Essen für sie und ihre Familie herkommen soll. Einfach mal eben so, mehr als die Bevölkerung Deutschlands. Und das nicht, weil da, wo sie wohnen, nichts wachsen würde.

Kurz: Dumping im Norden, erzwungene Liberalisierung im Süden, und aus ist es mit der Selbstversorgung, mit dem Menschenrecht auf Nahrung und mit der sogenannten Ernährungssouveränität. Aus ist es übrigens auch mit der derzeit wieder viel gepriesenen biologischen Vielfalt, wenn überall nur noch der gleiche Monsanto-Quatsch angebaut wird, wenn überall die gleichen Hybrid-Hühner im McDonald's-Burger landen.

Ein weitverbreiteter Fehlschluss ist, dass die Gewinner die durchschnittlichen europäischen und nordamerikanischen Bäuer_innen sind. Das Gegenteil ist der Fall, die stecken selbst arg in der ökonomischen Klemme. Das Geld machen und die Subventionen landen entlang der ganzen Agrarproduktionskette bei transnationalen Konzernen: bei Saatgutkonzernen (Stichwort Monsanto), bei Nahrungsmittelkonzernen (Stichwort Nestlé), beim Großhandel, bei Einzelhandelsketten (Metro-Gruppe, Wal-Mart, ...) und nicht zuletzt bei Fraßfoodkonzernen wie McDonald's, für die ›Liberalisierung‹ bedeutet, überall auf der Welt mit geballter Macht kleine lokale Konkurrenten verdrängen zu können.

Feiner Freihandel, wenn am Schluss überall die gleichen Oligopole herrschen.« (alle Zitate nach dem Redemanuskript.)

Die Rede schließt unter anderem mit der Forderung nach Ernährungssouveränität. Konkret bedeutet das: Länder oder besser noch Regionen sollten in der Lage sein, sich weitgehend selbst mit allen zur Grundversorgung notwendigen Lebensmitteln zu versorgen. Ernährungssouveränität bedeutet einen Ausbruch aus bestehenden Abhängigkeiten und eine Stärkung der kleinbäuerlichen Landwirtschaft sowie das Recht auf Selbstbestimmung, wer wann mit wem und zu welchen Bedingungen zusammenarbeiten möchte. All das gilt es zu erkämpfen.

Damit an dieser Stelle aber erst mal genug zur vielleicht – auch – politischen Komponente des Containerns.

Kriegst du da nicht Ärger? Ist das nicht verboten?

Eins nach dem anderen: Eine allgemeingültige Antwort auf diese Fragen gibt es nicht, weil jeder Container anders ist bzw. andere Rahmenbedingungen bestehen. Grundsätzlich gilt: Das ist alles nicht so schlimm, wie es sich die meisten Menschen vorstellen. An vielen Supermärkten stehen die Container schlicht und einfach hinter den Gebäuden, sehen aus wie handelsübliche Mülltonnen und lassen sich einfach aufmachen, wie normale Mülltonnen eben. Und dort liegen entweder schon direkt die Lebensmittel drin oder große blaue Müllsäcke, in denen dann wunderbare Dinge darauf warten, gefunden zu werden. Manchmal stehen da auch bloß große blaue Container, auf denen zynischerweise »Umwelttechnik« steht. »Umwelttechnik« bedeutet übersetzt »Lebensmittelvernichtung«, denn bei diesen Containern handelt es sich um Presscontainer, in denen die weggeworfenen Lebensmittel direkt verpresst und komprimiert werden. Da kann Mensch manchmal Glück haben und es steht doch noch eine Tonne daneben, aber manchmal ist dann eben einfach nichts mehr zu holen.

Juristisch ist das Containern eine Grauzone, denn formal gehört der Müll noch dem Laden und ab Abholung der Müllabfuhr. Deswegen handelt es sich dabei um einen Diebstahl, wobei der Wert des Diebesguts null Euro beträgt. Diebstahl ist zudem ein Delikt, das nicht automatisch verfolgt wird, sondern nur, wenn Anzeige erstattet wird. Es müsste also der »beklaute« Laden Anzeige wegen eines Diebstahls von Waren im Wert von null Euro erstatten. Das ist allerdings selten im Interesse des Ladens, denn für dessen Image ist es wohl eher schädlich, wenn bekannt würde, dass Menschen angezeigt werden, die vom Müll leben wollen.

Ein zusätzliches Hindernis sind Zäune, über die Mensch manchmal drüberklettern muss. Dann kommt als mögliches Delikt noch Hausfriedensbruch hinzu, weil eine »Umfriedung« überwunden wurde. Insgesamt ist die Gefahr allerdings sehr gering, dass dieses »Delikt« verfolgt wird, und sollte es zu Gerichtsprozessen kommen, wäre dies eine weitere öffentliche Plattform, um die Vernichtung von Lebensmitteln zu thematisieren.

Es gibt auch Container, die verschlossen sind. Es ist theoretisch nicht unmöglich, diese aufzubrechen. Das ist allerdings aufwendiger und zudem strafrechtlich auch deutlich gefährlicher, denn dann handelt es sich um schweren Diebstahl, egal ob der Wert der »geklauten« Ware weiterhin null Euro beträgt, und es kommt möglicherweise noch eine Sachbeschädigung hinzu.

Das alles soll nun aber nicht abschrecken, sondern eher animieren, sich doch mal beim Laden nebenan auf dem Parkplatz umzuschauen ... viel Spaß, Erfolg und guten Appetit!

# 2

## Und täglich grüßt der Super-GAU

Strom kommt aus der Steckdose. Die meisten Menschen hören an dieser Stelle auf, sich mit dem Thema Elektrizität auseinanderzusetzen. Aber Strom wächst nicht in der Steckdose und auch nicht auf Bäumen ... Grundsätzlich gilt: Wer sich nicht weiter um den eigenen Strom kümmert, bezieht ihn automatisch vom jeweiligen Monopolanbieter der Region. Das ist entweder ein Stadtwerk oder ganz direkt einer der vier großen Energieversorger E.ON, RWE, EnBW und Vattenfall. Das macht in den meisten Fällen wenig Unterschied, da sich sehr viele Stadtwerke ohnehin von den »großen Vier« beliefern lassen. Diese setzen vor allem auf Kohle- und Atomstrom und vernachlässigen den Bereich der erneuerbaren Energien. Das fast Einzige, wofür erneuerbare Energien gut zu sein scheinen, ist die Imagepflege, weswegen alle Energieversorger mittlerweile damit werben, wie sehr ihnen die Umwelt am Herzen läge. Ich versuche, einen Blick hinter die Kulisse dieses Schmierentheaters eines »ambitionierten Umweltschützers« zu werfen und Handlungsoptionen aufzuzeigen, dem etwas entgegenzusetzen.

Auf großen Werbeflächen zeigte der »Informationskreis KernEnergie« vermeintliche »Klimaschützer der Woche«: Atomkraftwerke. Idyllisch gelegen, umrahmt von grünen Wiesen und bei gutem Wetter fotografiert.

Sie hingen an vielen Orten nur wenige Tage, bis sie verändert wurden: Ein großer schwarzer Totenkopf beispielsweise zierte an Berliner U-Bahnstationen die zuvor so harmlos wirkenden Fotos der Anlagen Brunsbüttel und Biblis. Die Realität ist manchmal zynisch, denn nur wenige Tage später kam es nach einem Brand zu einer Abschaltung des Kraftwerkes Brunsbüttel. Eifrig wurden daraufhin die Plakate des Reaktors mit weidenden Schafen durch solche eines anderen Atomkraftwerkes ersetzt. Die Wirklichkeit hatte so deutlich zugeschlagen, dass es nicht mehr möglich schien, diesen Reaktor zu bewerben.

Machen wir einen Zeitsprung: Ein Jahr später, im Sommer 2008, treffen sich die Cheflobbyisten der deutschen Atomwirtschaft und versuchen, der Öffentlichkeit und sich selbst die Atomkraft wieder schmackhaft zu machen bzw. als »im Aufschwung befindlich« darzustellen. Die beiden Atommeiler Brunsbüttel und Krümmel stehen seit den Vorfällen von 2007 still. Dennoch veröffentlicht Vattenfall als Betreiber dieser beiden Anlagen in einer Kerntechnik-Zeitschrift eine große Werbeanzeige. Wir kennen sie schon, nur dass diesmal nicht »Informationskreis KernEnergie« daruntersteht, sondern »Vattenfall«. Aber das Foto mit den Schafen vor dem Atommeiler an der Elbe ist geblieben. Der Werbeslogan in der Anzeige lobt das Kraftwerk als aktiven Klimaschützer und rechnet vor, wie viele Tausend Tonnen CO2 Brunsbüttel pro Jahr einsparen würde. Wer nach den Störfällen 2007 dachte, Vattenfall sei für den Betrieb von AKW zu inkompetent, der hat nun auch die Gewissheit, dass es um mathematische Fähigkeiten bzw. die Liebe zur Ehrlichkeit ähnlich schlecht steht: Ein abgeschaltetes AKW spart überhaupt nichts ein. Außer vielleicht Uran.

Es habe, so bemühte sich Vattenfall-Sprecher Ivo Banek nach den Störfällen eifrig zu versichern, keinerlei Auswirkungen der Zwischenfälle auf sicherheitstechnisch relevante Bereiche der beiden Pannen-AKW gegeben. Ein Transformator, wie er in Krümmel mehrere Tage lang gebrannt habe, sei schließlich ein ganz normales Bauteil und so etwas könne in jedem anderen Kraftwerk auch passieren. Klar, jeder Transformator kann abbrennen – nur dass die Bedrohlichkeit eines Brandes in einem Atomkraftwerk eben doch eine andere ist. Qualm in der Leitwarte, also der Betriebszentrale des Werkes, sei nicht weiter bedenklich. Da behauptet also tatsächlich der Sprecher eines AKW, es sei nicht sicherheitsrelevant, ob die operierenden Techniker mit Atemschutzmasken im Qualm arbeiten würden. Um das Image zu retten, bezeichnet der Konzern das eigene Vorgehen als Kommunikationsdesaster und tauscht in diesem Bereich die Führungsebene aus. Was bedeutet das konkret? Vielleicht: »Wenn das Atomkraftwerk doch irgendwann mal einen schwereren Unfall haben sollte, dann werden wir darüber ganz sicher ehrlich berichten.« Das hilft uns allen enorm weiter. Ich sehe schon die Pressemitteilung: »Guten Tag. Soeben ist es in unserem Kraftwerk zu einem Unfall gekommen. Hamburg hätte vor zwanzig Minuten evakuiert sein müssen. Wir freuen uns, Sie weiterhin zeitnah mit Informationen versorgen zu dürfen, und danken für Ihre Aufmerksamkeit.« Nein, im Ernst: Was haben wir davon, dass uns Störfälle offen mitgeteilt werden, wenn das eigentliche Problem darin besteht, dass sie weiterhin auftreten können – weil die Atomkraftwerke weiterhin am Netz sind?

Gern wird versichert, »unsere westlichen« Atomkraftwerke seien sicher. Was davon zu halten ist, zeigen diverse Beinahe-GAU in »westlichen« Reaktoren. Bleiben wir, um das zu verdeutlichen, in Brunsbüttel: Dort hatte sich 2001 in einer Rohrleitung Wasserstoff angesammelt und es kam zu einer Explosion. Das Rohr war komplett geborsten und es war reines Glück, dass dieser Unfall nicht näher am Reaktordruckbehälter, dem Herzstück des Kraftwerkes, passierte. Eine Explosion dort hätte im schlimmsten Fall einen Kühlwasserverlust und dann eine unkontrollierbare Kernschmelze verursachen können. Bleiben wir bei Vattenfall und schauen wir nach Schweden: Auch dort betreibt der Konzern etliche AKW, eines davon in Forsmark. Es gibt verschiedene Vermutungen und Berechnungen darüber, wie nahe am Super-GAU das Kraftwerk tatsächlich war. Fest steht: Lediglich eine Zeitspanne zwischen sieben und dreißig Minuten trennte Nordeuropa von einem Unfall mit massiver Freisetzung radioaktiven Materials! Gerettet hat die Situation ein Techniker, der sich über Sicherheitsregeln hinwegsetzte und ausführte, was er für den einzig möglichen Weg hielt, das Desaster zu verhindern.

Noch ein letztes Beispiel: Im AKW Paks in Ungarn zerbrach beim Austausch alter gegen neue Brennelemente ein Element im Druckbehälter und konnte dort eine ganze Zeit lang nicht herausgeholt werden. Eine gefährliche Situation mit ungewissem Ausgang im sensibelsten Bereich der Anlage. Dennoch versichern Atomkraftlobbyisten gern und oft, wie präzise und gut die Technologie funktionieren würde.

Apropos GAU: Da gibt es ja auch noch das Problem mit dem Müll, der irgendwohin muss. Frei nach dem Motto »Aus den Augen, aus dem Sinn« haben beherzte Politiker_innen vor ein paar Jahrzehnten das Problem des schwach- und mittelradioaktiven Abfalls »gelöst« und diesen einfach in die bestehenden bzw. eher einstürzenden Bergwerke Morsleben und Asse einlagern lassen. Das Problem war leider im wahren Sinne des Wortes gelöst: Die Behälter, in denen der Atommüll verpackt war, sind teilweise bereits beim Einlagern kaputtgegangen oder mittlerweile verrostet und ihr radioaktives Inventar löst sich nun in der die Fässer umgebenden Salzlösung. Der ursprünglich als notwendig veranschlagte Zeitraum von einer Million Jahren Sicherheit bzw. garantierter Abschirmung dieser Stoffe ist geschrumpft auf geschätzte einhundertfünfzig Jahre. Die vermeintlich beruhigende Nachricht: Die verstrahlten Gewässer gelangen – wenn wir denn Glück haben – verteilt über einen relativ langen Zeitraum in die Umgebung und die Verseuchung bliebe dann vielleicht unter den zulässigen Grenzwerten. Das Fiese daran: Grenzwerte sind immer so gesetzt, dass sie einen einhaltbaren Alltagszustand als normal definieren und dadurch den Betrieb erst legitimieren. Sie orientieren sich nicht an der Gesundheitsschädlichkeit, sondern schlicht an der technischen Machbarkeit ihrer Einhaltung.

Was den hochradioaktiven Abfall angeht, sieht es leider kaum besser aus. Dieser Abfall ist zwar dank massiver Proteste bislang nicht unter der Erde gelandet, aber es gibt noch immer jede Menge Politiker_innen und Atomlobbyist_innen, die lautstark verkünden, Gorleben sei als Endlager geeignet und die Endlagerfrage sei damit »technisch gelöst«. Zugegeben, seit die Aufmerksamkeit für die Asse angestiegen ist, hört Mensch solche Stimmen etwas seltener. Aber sobald das Thema Asse nicht mehr durch die Medien geistert, werden sicherlich Menschen darauf zurückkommen, den Müll, der momentan oberirdisch in einer Halle lagert, die gegen Strahlung ungefähr so effektiv abschirmt wie eine Kartoffelscheune, in den Salzstock in Gorleben zu verfrachten. In jenen Salzstock, der nur durch ein poröses, dünnes Deckgebirge vor Wassereinbrüchen geschützt ist und insgesamt mehr aus Hohlräumen denn aus stabilen Kammern besteht, und der obendrein lediglich aus politischen Gründen damals von Ministerpräsident Ernst Albrecht als Option angeführt wurde.

Kennen Sie »Extra 3«? Ja, genau, diese Satiresendung im Fernsehen. Da gab es doch einen Beitrag zu Windkraft. Sie wissen schon – diese hässlichen, großen, rotierenden, lauten Dinger, von denen Menschen Kopfschmerzen bekommen und die ihren Blick aus dem heimischen Küchenfenster trüben und die ländliche Idylle gnadenlos zerstören. Das ist schon ein Problem. Ja, es gibt tatsächlich Menschen, die für Atomkraft sind, weil »Windräder ja die Landschaft verschandeln«.

Nun mal langsam. Nein, ich will es nicht abwerten, die Landschaft vor der eigenen Haustür zu mögen. Ich stelle nur die Frage, ob ein AKW an diesem Ort schöner wäre. Nein, aber das AKW könnte dann ja »woanders, weit weg, stehen«, davon bräuchte Mensch außerdem auch »nicht so viele«. Schon wahr, nur stehen müssen diese »nicht so vielen« auch irgendwo. Und das Uran muss auch irgendwoher kommen – aber das kommt ja »aus dem Ausland«. Ach so. Und der Atommüll? »Ach, das ist doch technisch gelöst und nur politisch blockiert, da gibt's doch irgendwo da im Norden so ein Salzbergwerk.« Danke, dann ist ja alles gut. Der Brennstoff von »weit weg«, das Kraftwerk »weit weg« und den Müll »weit weg«. Die desaströsen Auswirkungen auch »weit weg«. Jedenfalls hinter das Brett vor dem eigenen Kopf und definitiv weit über den eigenen Tellerrand hinaus.

Was ich damit gesagt haben will: Den Blick aus dem Fenster zum einzigen Kriterium für die Ablehnung einer Stromerzeugungsart bzw. als Kriterium für alle anderen Arten der Stromerzeugung zu machen, ist für mich nichts weiter als das *nimby*-Phänomen: *n*ot *i*n *m*y *b*ackyard. Mich frustriert es und es stimmt mich traurig, dass dieses für viele Menschen das einzig relevante Kriterium in Auseinandersetzungen zu sein scheint.

Und da sind wir wieder bei meinem Lieblingsthema: aktiv werden. Das Wendland, also die Region, in der das bekannte Dörfchen Gorleben liegt, ist seit Jahrzehnten Ort massiver Auseinandersetzungen zwischen Gegner_innen und Befürworter_innen bzw. Beschützer_innen der Atomkraft. Dort fährt hin, wer nicht daran glaubt, dass sich Atomkraft allein durch Unterschriftensammlungen stoppen lässt. Einmal im Jahr werden abgebrannte Brennelemente aus den Wiederaufarbeitungsanlagen in England bzw. Frankreich nach Gorleben transportiert. Und weil diese Transporte lange vorher bekannt sind und die Atomindustrie an dieser Stelle sichtbar und angreifbar ist, sind diese Transporte für viele Gegner_innen sozusagen die Achillesferse der Atomlobby. Aber am besten werde ich einfach mal konkreter …

November 2006. Es ist zwei Uhr nachts. Ich stehe mit einem Diktiergerät an der Landstraße zwischen Dannenberg und Gorleben. Es ist für die Jahreszeit erstaunlich warm, kein Frost immerhin. Ungefähr siebenhundert Leute zähle ich. Es ist schwer zu schätzen, wie viele dort tatsächlich auf der Straße sitzen. Einige teilen sich Decken, andere laufen herum, viele liegen eng beieinander. Es ist unklar, wann die Polizei die Sitzblockade räumen wird. Immer wieder gibt es Durchsagen. Ich versuche, alles aufzunehmen. Ich dokumentiere, wann der Hubschrauber über uns hinwegfliegt und wann die Polizei Schichtwechsel hat. Ich versuche herauszubekommen, welche Einheiten vor Ort sind, und nebenher koordiniere ich, dass Feuertonnen zu uns kommen. Ab und an erkläre ich Journalist_innen, warum und wie lange wir schon da sind und wie wir überhaupt auf die Straße gekommen sind. Ich versuche, wach und aufmerksam zu bleiben, aber es fällt schwer. Der Castortransport ist in Dannenberg und wird gerade vom Zug auf LKW verladen. Ich verteile Rettungsdecken gegen die Kälte.

Was mir Kraft gibt, ist der Gedanke an die erfolgreichen Aktionen, die es schon gab. Seit dem Vortag sitzen wir hier auf der Straße, langsam zehrt das an den eigenen Kräften. Gestern Nachmittag habe ich eine SMS bekommen: »Yeah. Hat geklappt!«, stand darin. Ich kann die kryptischen Zeilen einordnen, und wenige Minuten später sagt die Radiostimme des freien Radios durch, was ich bereits weiß: Der Zug steht auf der Schienenstrecke zwischen Lüneburg und Dannenberg, weil zwei Kletterer über den Gleisen an einem Seil hängen. Die Nachricht sorgt bei den Leuten auf der Straße für Freude. Mein Handy klingelt. Es ist ein guter Freund aus Norwegen: »Ich hab eben bei gmx meine Mails abgerufen und da war ein Foto einer Aktion auf der Startseite. Da hast du doch bestimmt mit zu tun – Fettes Lob und liebe Grüße ins Wendland!« Mehr sagt er nicht, Telefonate aus Norwegen sind teuer. Aber es gibt mir Kraft.

Wenige Stunden später, die Gleis-Aktion wurde beendet, taucht einer der beiden Kletterer bei uns auf. Tja, so sehe ich meine Mitbewohner wieder. Er ist müde, sagt aber freudig: »Hey Hanna – ich dachte mir, ich könnte ja genauso gut auch hier pennen«, und setzt sich zu den anderen auf die Landstraße.

Wiederum ein paar Stunden sind vergangen, ich habe meinen toten Punkt überwunden und das Adrenalin bewirkt wieder ausreichend Aufmerksamkeit, da fordert die Polizei die Menschen auf der Straße auf, diese zu verlassen. Drei Mal. Danach wird geräumt. Es ist wie immer: Dort, wohin die Kameras gerichtet sind, werden die Leute halbwegs freundlich weggetragen. Kaum fühlt sich die Polizei sicher, wendet sie Schmerzgriffe an und schleift Menschen unsanft neben die Straße in ein umzäuntes Areal. Es dauert mehrere Stunden, und ich versuche zu dokumentieren, was passiert, aber ich kann mich nicht vierteilen. Schließlich ist der Weg frei, ein Räumpanzer hat die letzten Strohsäcke und Decken von der Straße gefegt und der Transport wird gleich durchfahren. Ich bin erschöpft, ich gehe zurück in mein Quartier, gratuliere vor dem Schlafen noch den anderen Kletterern und dem Bodenteam zu ihrer Aktion und falle dann ins Bett. Der nächste Tag gehört mir und meiner Bettdecke.

2008. Wieder ist es November. Ausnahmezustand im Wendland. Fast 17000 Kräfte der Polizei sind im Einsatz. Die Medien berichten davon – von den vermeintlich so friedlichen Polizist_innen, nicht aber von den prügelnden. Wie auch? Überall dort, wo Kameras sind, verhält die Polizei sich wieder halbwegs in Ordnung. Dass Pferde in Sitzblockaden getrieben werden, taucht in den Fernsehnachrichten dieser

Tage nicht auf. Menschen werden nicht weiter getragen, als die Kameras es sehen, dann werden ihnen die Handgelenke verdreht, damit sie »freiwillig« weiterlaufen. Kletterteams der Polizei weigern sich, den Aktivist_innen mitzuteilen, wie sie die Aktionen beenden wollen, und bringen Menschenleben in mehreren Metern Höhe fahrlässig und wissentlich in Gefahr.

Eine Augenzeugin berichtet:

»Wir Demonstranten saßen dicht beieinander und absolut friedlich auf der Straße.

Die Beamten fragten jeden Teilnehmer, ob er freiwillig gehen wollte, was natürlich jeder verneinte. Daraufhin wurden wir alle von der Straße getragen. Allerdings setzte man mich (ebenso auch die anderen Teilnehmer) nach ca. fünf Metern ab und sagte, jetzt seien wir an den Kameras vorbei. Nun können wir selbst gehen. Als ich das ablehnte, wurde mir wörtlich geantwortet: ›Wenn du nicht freiwillig selbst weitergehst, müssen wir jetzt Gewalt anwenden und dir Schmerzen zufügen.‹ Daraufhin wurden mir schmerzhaft die Hände umgeknickt. Ich fragte, was das denn mit den Kameras zu tun hätte, und bat sie, das schmerzhafte Umknicken der Hände zu unterlassen. Dieser Bitte wurde tatsächlich entsprochen.«

Leider passierte das ganz offensichtlich nicht bei allen Teilnehmern so. Fast alle, mit denen ich hinterher sprach, berichteten, dass ihnen ebenfalls gesagt wurde, an der Kamera seien sie jetzt vorbei, nun würden sie Gewalt anwenden.

Dennoch: Was dort an Protest und Gegen-Aufklärung wieder auf die Beine gestellt wurde, hat mich tief beeindruckt, und so viele Menschen zu erleben, die sich aus unterschiedlichsten Gründen auf die Straßen und Schienen begeben, ist ein tolles Gefühl. Weil es so verschiedene Menschen sind, die an dieser Stelle überzeugt und ambitioniert und mutig auftreten. Weil es rührend ist, dass das Wendland eben doch auch ein Dorf ist und mich Kinder auf der Straßenblockade der bäuerlichen Notgemeinschaft fragen, ob ich ihnen nächstes Jahr wieder Klettern beibringen würde. Weil ich davon zehren kann, wenn ich zwei Wochen später einen Infostand mache, allein und im Schneeregen, aber im Bewusstsein, dass ich nicht allein bin. Und vielleicht sehen wir uns nächstes Jahr im Wendland?

### Hoffentlich nicht Allianz-versichert

Weiter geht es mit Aktivismus bei ungemütlichem Wetter: Schlauchboot fahren im diesigen, kalten März ... was für eine durchgeknallte Idee, das fällt doch bestimmt sofort auf. Aber das Klettergerüst ist wirklich zu verlockend ... versuchen können wir es ja ... wenn das klappt, ist das richtig cool ...

Die Allianz-Versicherung ist mit fünf Prozent an RWE beteiligt und somit größter Einzelaktionär. Dementsprechend sitzen auch Vertreter_innen der Allianz im Aufsichtsrat von RWE und haben durchaus nennenswerten Einfluss auf die Politik des Unternehmens. Und weil RWE auf die unglaublich schlechte (beziehungsweise aus Konzernsicht profitorientiert einleuchtende) Idee gekommen ist, in Osteuropa Atomkraftwerke zu bauen, kamen Umweltverbände auf die gute Idee, eine bundesweite Aktionswoche gegen RWE und die Allianz zu machen. Das Konzept ist so einfach wie gut: An möglichst vielen Orten soll es vor Niederlassungen von RWE beziehungsweise der Allianz Proteste geben. Das kann vom Bonbonverteilen bis zum Stelzenlaufen, Kreidemalen oder Flyerverteilen reichen oder all dies verbinden. Wir entschieden uns, eine solche Aktion durchzuführen, und verbrachten einen Tag im Nieselregen und verteilten Flugblätter. War schon in Ordnung, aber richtig Spaß hat es nicht gemacht. Wir mussten an diesem Tag jedenfalls lernen, dass der Weg zu einer Aktion manchmal spannender sein kann als die Aktion selbst. Weil es gut aussieht und sich prima und sehr laut darauf rumtrommeln lässt, hatten wir uns nämlich entschlossen, ein paar gelb angemalte Fässer mit Radioaktivitätszeichen drauf an den Aktionsort vor den Berliner Treptowers mitzunehmen. Die mussten allerdings erst einmal hintransportiert werden, und so rollten wir die Fässer unter ohrenbetäubendem Lärm durch die Straßen, hatten ungeheuer viel Spaß beim Straßenüberqueren und ernteten jede Menge verdutzter Blicke. Da der Rest der Aktion so unspannend war, ist das Tonnenrollen das Highlight des Tages geblieben; dieses Tages zumindest.

Nieselregen war gestern. Eines anderen Tages scheint zwar auch keine Sonne, aber es ist trocken. Das freut uns, als wir morgens (viel zu früh, wie immer vor Aktionen) aufstehen, denn Regen hatten wir als Abbruchkriterium vereinbart. Wir laufen mit Klettermaterial und Schwimmwesten, Schlauchboot, einem internetfähigen Laptop und mehreren Transparenten los. Die üblichen Gespräche direkt vor der Aktion: Wer ruft wann wen an, um was zu kommunizieren, wer begleitet wen wohin, wer trägt wann welchen Rucksack. Meist ist das alles auch schon vielfach besprochen, aber es ist gut, vor Aktionen das Gefühl zu haben, dass alles organisiert ist. Wir kommen am Treffpunkt mit den anderen an und freuen uns, dass auch Leute da sind, um das Ganze zu filmen. Ich persönlich habe ja am meisten Bedenken wegen der ›Waschpo‹. Ach ja, wegen der Wasserschutzpolizei natürlich. Vom anderen Ufer der Spree lässt sich besser fotografieren und filmen, weswegen ich hinüberlaufe. Ich warte, bis ich endlich ein knalloranges Schlauchboot auf dem gegenüberliegenden Ufer sehe. Es wird zu Wasser gelassen und zwei Leute paddeln in Richtung »Molecule Man«, einem dreißig Meter hohen Aluminiumkunstwerk in der Spree. Sie klettern aus dem Boot auf die Aluminiumkonstruktion und das Boot wird vom Ufer her zurückgezogen. Eine dritte Person kommt nach und klettert ebenfalls hoch. Abgefahren sieht das aus, wie die da hochklettern. Vor lauter Staunen vergesse ich fast, auf die Umgebung zu achten. Ich bemerke aber dann doch den eifrig telefonierenden Security-Mann, der wohl gerade die Polizei ruft. Aber so richtig Sorgen macht mir das nicht, denn was soll die Polizei jetzt groß tun. Ich gebe die Info dennoch an die Kletter_innen weiter. Die eintreffende Polizei hat nicht an Kräften gespart und kommt mit mehreren Autos zu Lande und vier Booten zu Wasser. Hilft alles nichts, was sollten sie schon ausrichten? Die drei Leute in luftiger Höhe hängen unser Transparent auf. Jenes, welches wir zwei Tage vorher liebevoll in einem zwischenzeitig leer stehenden Zimmer in meiner WG gemalt hatten. »Atommafia versenken« steht drauf. Bis jetzt lief für mich alles ruhig, nun wird es stressig. Ich müsste mich verdoppeln können, um alles hinzukriegen. Ich mache ein Foto des Geschehens, auf dem im Hintergrund das Allianz-Logo erkennbar ist. Dann suche ich das Anschlusskabel, setze mich mit meinem Laptop auf ungenutze Bahnschienen in dem Industriegelände, auf dem ich mich aufhalte, und versuche, einen Internetzugang zustande zu bekommen. Nach längerer Diskussion mit diesem technischen Individuum, dem ich manchmal unterstelle, seinen fiesen, eigenen Willen zu haben, klappt es dann auch und ich kann die vorher verfasste Pressemitteilung zusammen mit einem Foto und dem Vermerk verschicken, die Aktion laufe noch, es lohne sich demzufolge, vorbeizukommen. Ich klappe den Rechner zu und mache mich daran, Agenturen anzurufen und sie zu unserer Aktion einzuladen, bis ich nach einer halben Stunde Telefonierererei erst mal Pause machen kann. Das Transparent ist gut sichtbar, und immer wieder erkläre ich Passant_innen, warum wir hier sind und was wir wollen. Auch ein paar Angestellte der Allianz kommen vorbei und wissen gleich richtig einzuordnen, dass wir ja am Vortag schon einmal da gewesen seien und dass sie Respekt vor der Kletterleistung hätten. Ich fange langsam an, den Frühling

ATOMMAFIA
VERSENKEN

herbeizusehnen, denn so richtig warm ist es nicht, so ganz ohne Bewegung hier unten. Denen da oben ist bestimmt nicht kalt, die haben ja ein Klettergerüst.

Ein Fotograf taucht auf dem anderen Ufer auf und ich kriege einen Anruf von dort. Es ist die dpa. Ich gebe die Nachricht an die Kletter_innen weiter. Langsam würde ihnen da oben dann doch auch etwas frisch, meinen sie, aber ich bitte sie, noch eine halbe Stunde zu bleiben, damit noch mehr Presse kommen kann. Es erscheint auch noch ein weiterer Agenturfotograf und dann bauen die drei ab. In der Zwischenzeit hat aber die ›Waschpo‹ das kleine Schlauchboot in ihre Gewalt gebracht, und so rätseln wir, was nun passiert, wenn die drei das untere Ende des metallenen Kunstwerks erreicht haben. Die Polizisten scheinen ebenfalls zu rätseln. Sie versuchen immer wieder, mit ihren Booten an die Skulptur heranzufahren, aber das Wasser ist dort einfach zu flach und sie kommen nicht nahe genug heran. Ich wechsle das Ufer und schaue mir das Ganze aus der Nähe an. Ein Passant fragt die Polizei, ob es nicht einfacher wäre, den Leuten ihr Schlauchboot zurückzugeben, damit würde es schließlich gehen. Und Fluchtgefahr bestehe nun wirklich nicht, denn schließlich kämen drei Leute in einem Paddelboot wohl nicht auf die Idee, vor vier Booten der Wasserschutzpolizei davonzufahren. So richtig überzeugt hat das die Polizei wohl nicht und so versuchen sie es noch weiter und umkreisen so die ganze Skulptur zahlreiche Male. Das lockt weitere Passant_innen an, die sich das Spektakel anschauen und sich mit uns gemeinsam über das Vorgehen wundern. Schlussendlich entscheiden sich unsere Freunde und Helfer für ein amüsantes Vorgehen: Vom Polizeiboot aus wird das Schlauchboot ins Wasser gelassen, die Kletter_innen besteigen vom »Molecule Man« aus das Schlauchboot und werden von dort auf das Polizeiboot gezogen und dann an Land gefahren. Na ja, warum einfach, wenn es kompliziert geht … Der ganze Vorgang dauerte so ungefähr eineinhalb Stunden. Mit dem

Schlauchboot wären es zehn Minuten gewesen und deutlich weniger Bootsbenzin.

Die zwei Kletterinnen und der Kletterer sitzen jetzt also auf einem Polizeiboot und fragen sich, was nun passieren wird. Nach einer kurzen Besprechung der Land- und der Wasserschutzpolizei steht fest: Die Polizei will alles Klettermaterial beschlagnahmen. Die drei erklären der Polizei, wie genau die Sachen gelagert werden müssten, damit sie nicht verschimmelten, wie viel Platz dafür notwendig sei und dass sie Klage einreichen würden, falls das Material falsch gelagert würde. Damit hat die Polizei nicht gerechnet, beschlagnahmt daraufhin nur unsere Transparente und lässt die drei anschließend an Land gehen, wo wir sie empfangen und uns auf den Weg nach Hause machen – Tee trinken und uns über die gelungene Aktion freuen. Die war am nächsten Tag tatsächlich auch mit Farbfoto in drei Berliner Tageszeitungen. Erfreulich. Obwohl offensichtlich keine der Zeitungen unsere Pressemitteilung gelesen zu haben scheint, denn nirgends tauchte auch nur der geringste Zusammenhang zur Allianz und den Neubauplänen von RWE auf. Nun denn, sei's drum, verstanden, dass es eine Anti-Atom-Aktion war, hatten sie ja zumindest.

## »Was war da 2007 doch gleich im AKW Krümmel passiert?«

Dass es gebrannt hatte, haben viele Menschen noch im Kopf. Anwohnende der umliegenden Gemeinden bekamen Angst, weil schwarzer Qualm auf dem Gelände des AKW aufstieg. Erst nach Stunden informierte Betreiber Vattenfall die Öffentlichkeit. Es handelte sich lediglich um einen brennenden Transformator. Immerhin Entwarnung, was die Gefahr eines Austritts radioaktiver Stoffe anging. Aber dennoch beweist dieser Störfall eindrücklich die permanente

Gefahr eines Unfalls, und die Lügengeschichten des Betreibers in den darauffolgenden Wochen sind auch alles andere als vertrauenerweckend.

Der Transformator war wohl hinüber. Ein neuer musste her, und wie es der Zufall wollte, lag auf dem Gelände des AKW Brunsbüttel noch einer herum. Der wurde kurzerhand auf einen LKW geladen und fuhr los gen Krümmel. Wir rätselten über den Weg, den dieser Transport wohl nehmen würde, und beratschlagten. Uns kam die Idee, einfach mal bei der Polizei anzurufen und etwas naiv nachzufragen, ob nicht vielleicht ein großer Lastentransport heute im Hafen erwartet würde. Unsere Vermutung bestätigte sich: Der Ersatztransformator wurde mitsamt dem Tieflader auf ein Schiff verfrachtet und sollte damit die Elbe hoch, durch die Schleuse in Geesthacht und dann ab dort wieder über den Landweg zum AKW transportiert werden. Wir wollen den Transport aufhalten. Die Losung ist einfach: Das AKW ist vom Netz, weil der Trafo kaputt ist, und ohne einen neuen kann es nicht wieder ans Netz gehen. Also versuchen wir zu verhindern, dass der Trafo sein Ziel erreicht. Klar wissen wir, dass wir den Transport nur werden verzögern und nicht verhindern können, aber auch das wäre schon ein sehr deutliches Signal. Wir werfen also alles Mögliche an Aktionskram von Transparenten über Kletterzeug und Hängematten bis zu Essen und Planen ins Auto, telefonieren eilig herum, um noch weitere Leute zu motivieren, und fahren los Richtung AKW Krümmel. Der Transport ist auf dem Weg und damit hat der Countdown bereits begonnen. Klingt nach dramatischem Actionfilm? Fühlte sich auch ein wenig danach an. Wohl vor allem deswegen, weil wir noch nicht so richtig sicher waren, was wir machen wollten und wofür unsere Kapazitäten ausreichten. Beim Materialsortieren unter einer kleinen Brücke an der Elbe stellten wir dann auch noch fest, dass wir nicht genügend Klettersachen hatten, und so fahren zwei von uns noch einmal zurück nach

Hamburg, um welche zu besorgen. Zu diesem Zeitpunkt hat der Transport den Hamburger Hafen verlassen und bewegt sich nun die Elbe hinauf. Eine erste Aktion hat es schon gegeben: Menschen mit einem Schlauchboot und einem Transparent sind um das Schiff herumgefahren und zeigten dabei ihre Protestbotschaft.

Wir haben uns schließlich entschlossen und fahren los Richtung Aktionsort. Wir kommen auf einem Parkplatz unter einer Schleusenbrücke an und warten auf Unterstützung. Ein Auto aus Hamburg und eines mit Leuten, die am Bahnhof abgeholt werden, fehlen noch. Telefonisch erreicht mich die Nachricht, dass der Transport jederzeit in Sichtweite kommen könnte. Das wird knapp. Ein Auto kommt und die Leute wollen gemütlich ankommen, ich dränge zur Eile. Nein, die Zeit reicht nicht mehr für eine entspannte Zigarette, tut mir leid. Wir weihen die neu Dazugekommenen in den Plan ein, sie ziehen sich eilig Klettersachen an und laufen los, die Böschung hoch und auf die Brücke. Polizei kommt mir entgegen – ich tue genervt. Ich bin nicht gerade erfreut, aber solange die sich mit mir beschäftigen, können die Leute auf der Brücke in Ruhe arbeiten. Es gelingt mir auch, die beiden etwa eine Minute lang in ein Gespräch zu verwickeln. Was wir hier denn vorhätten, wollen sie wissen. Ich antworte ehrlich, wir seien hier, um gegen den Trafo-Transport zu protestieren. Und ich erkläre, warum das legitim ist. Ich zeige sogar noch auf das Schiff, das gerade in diesem Moment um die Elbbiegung kommt. Ich rede weiter von Unfällen und Risiken der Atomkraft. Bis dann doch einer von beiden nach oben hinter sich schaut und die Situation zu durchblicken beginnt: An der Brücke sind mehrere Seile befestigt worden und nun gerade sind Menschen dabei, sich über das Geländer abzuseilen. Die Polizei beeilt sich, auf die Brücke zu kommen und verliert vorerst das Interesse an mir. Eine Kletterin ist noch in Reichweite der Polizisten, aber so richtig handlungsfähig ist die Polizei nicht und so muss sie zulassen, dass sich auch diese Person noch abseilt. Das Resultat: Beide Einfahrten in die Schleuse sind von Transparenten und Kletter_innen blockiert. Das Schiff mit dem Transport wird langsamer, es tuckert etwas hilflos in der Mitte des Flusses herum und legt schließlich an. Wir haben vorerst gewonnen. Jetzt gilt es, die Menschen mit Essen und Trinken und Hängematten für die Nacht auszustatten. Ab und an wollen andere Schiffe in die Schleuse, wir lassen sie durch. Mit Einbruch der Dunkelheit stellt die Schleuse ihren Betrieb für diesen Tag ein. Es wird ruhiger für die Kletternden und die Menschen, die als Nachtwache an den Seilen stehen.

Es wirkt, als stünde der Transport nahezu allein im Nirgendwo, aber das täuscht: Die Polizei hat sich zwar auf der Brücke fast komplett zurückgezogen, aber im Wald steht eine komplette Hundertschaft und verteilt allen Menschen Platzverweise, die auch nur in die Nähe der Anlegestelle wollen. Die Stimmung bei der Polizei scheint angespannt zu sein. Dennoch werden die Pressesprecher am nächsten Tag behaupten, der Zwischenstopp sei selbstverständlich eingeplant gewesen und die Fahrt hätte ohnehin erst am nächsten Morgen weitergehen sollen. Müssen sie ja auch – andernfalls müssten sie unseren Teilerfolg anerkennen. Unsere Stimmung ist auch angespannt. Das liegt aber eher an ein paar pöbelnden Jugendlichen aus dem Nachbarort, die uns und die Kletternden bedrohen. Die örtlichen Polizisten scheinen die Gruppe schon zu kennen, sind aber aus unerfindlichen Gründen der Meinung, dass Menschen, die Aktionen gegen Atomkraftwerke machen, nicht geschützt werden müssen und ignorieren, dass Steine auf die kletternden Aktivist_innen geworfen werden. Die seien ja selbst schuld und könnten ja schließlich auch ihre Aktion abbrechen. Ein absurdes Rechtsverständnis, in dem offenbar die Vermutung, jemand begehe eine Straftat, schon ausreicht, um dieser Person ihr Recht auf körperliche Unversehrtheit abzuerkennen. Wir haben die

Steine werfenden Leute dann selbst zu vertreiben versucht und konnten schließlich die herumstehenden Beamt_innen zumindest davon überzeugen, sich neben die Gruppe zu stellen. Anzeigen wollten sie aber nicht entgegennehmen – das übliche Theater. Insgesamt also eine anstrengende Nacht mit wenig bis keinem Schlaf bei allen Beteiligten.

Am Morgen taucht dann ein Spezialteam der Polizei mit Kletterern auf und beendet die Aktion. Das Transportschiff wird geschleust und zu unserer Freude direkt hinter der Schleuse von Aktivist_innen in Schlauchbooten empfangen, die versuchen, das Anlegemanöver zu erschweren. Wir hatten mit so etwas schon gerechnet, denn wir hatten einen Teil der Aktivist_innen bereits am Vorabend und in der Nacht getroffen. Einige von uns landen in Gewahrsam, der Rest macht sich auf den Weg, dem Transport hinterher. Das Anlegemanöver konnte durch die spektakulär wirkende Aktion tatsächlich um etwa eine halbe Stunde verzögert werden. Eigentlich wollen wir schlafen, aber ein Großaufgebot an Presse empfängt uns am Anleger. Einige Hundert Meter weiter wird gerade der Trafo mithilfe eines aufwendigen Verfahrens wieder an Land bugsiert. Das – so wissen wir – kann mehrere Stunden dauern, und vom gegenüberliegenden Ufer lässt sich auch recht gut beobachten, wie weit die Arbeiten fortgeschritten sind. Die Kameras verfolgen uns, aber wir wollen doch eigentlich weitere Aktivitäten besprechen. Doch immer wieder fragen Journalist_innen nach O-Tönen. Permanent sind zwei bis drei Leute von uns nicht in der Runde dabei und geben Interviews – ein so gewaltiges Medieninteresse hatte ich lange nicht erlebt.

Wir schaffen es schließlich noch, die weiteren Abläufe zu planen und die Freigelassenen von der Polizeiwache abzuholen. Mittlerweile sind ein paar mehr Menschen aus Hamburg angereist und uns kommt die Idee, sobald der Tieflader abfahrbereit ist, die Straße zu blockieren. Wir beobachten und mutmaßen und laufen schließlich einfach auf Verdacht los, als die Polizei anfängt, sich zu formieren. Die ganze Gruppe schafft es auf die Transportstrecke und setzt sich hin. Kletterer spannen ein Seil über der Straße und hängen Transparente in einen Strommast neben der Straße. Die Polizei fängt an zu diskutieren. Sie reden von Feierabendverkehr und wir von Atomkraft. Sie scheinen zu verstehen, dass wir nicht freiwillig gehen werden, und lassen uns erst mal in Ruhe. Irgendwann kommen sie dann wieder und behaupten, der Transport würde an diesem Tag ohnehin nicht mehr stattfinden, denn es sei etwas kaputt. Wir bleiben skeptisch, denn viel zu oft schon hat die Polizei solche Dinge versprochen, um die Straßen frei zu kriegen. Wir äußern unsere Zweifel und bleiben sitzen. Wieder Diskussionen um Feierabendverkehr. Und Atomkraft. Wir entscheiden uns, die Situation weiter zu beobachten und den Transport im Auge zu behalten. Am Tieflader wird tatsächlich herumgeschraubt und wir entscheiden uns, für den Moment die Version der Polizei zu glauben. Tatsächlich ziehen dann auch fast alle Polizist_innen ab und wir beschließen, die Straßenblockade in eine Mahnwache neben der Straße zu verwandeln und dort die Nacht zu verbringen. Nächste Tagesordnungspunkte also: Essen für die Mahnwache einkaufen und schlafen. Ich jedenfalls – denn der Tag war lang genug.

Anderntags gegen Mittag versucht die Polizei, einen Kessel um die Mahnwache zu bilden. Wir schalten schnell genug und setzen uns genau dort auf die Straße, wo wir auch am Vortag schon saßen. Und die Kletteraktion über der Transportstrecke gibt es auch wieder. Diesmal ist die Polizei deutlich weniger entspannt. Grundrechte und Gelassenheit scheinen absolute Fremdworte. Ohne die Versammlung auf der Straße aufzulösen, werden die Menschen brutal weggeschleift. Es sei »Gefahr im Verzug«, lautet die Erklärung. Das ist zwar juristisch nicht haltbar, schert die Polizei in diesem Moment aber überhaupt nicht. Die Kletterer werden von der Feuerwehr geräumt, ohne dass sie jemals aufgefordert worden wären, die Straße freizugeben. Nicht einmal auf Nachfrage wurde beantwortet, was denn nun eigentlich der Vorwurf gegen die Protestierenden sei. Es gab keinen, der Transport sollte durchgeprügelt werden auf den letzten Kilometern. Da der Polizei offenbar selbst klar war, dass sie ohne Rechtsgrundlage handelte, verzichtete sie sogar darauf, die Personalien der Weggetragenen aufzunehmen. Somit war von Anfang an klar, dass gegen sie keine Verfahren eingeleitet werden würden. Im Polizeikessel neben der Straße sahen wir nun also dem Trafotransport zu, der so mit mehr als eineinhalb Tagen Verspätung sein Ziel erreichte.

In einem System, in dem es primär um Geld geht, ist finanzieller Schaden eine Sprache, die verstanden wird. Atomtransporte durch möglichst viele Aktionen nicht nur möglichst lange zu blockieren, sondern auch möglichst teuer zu machen, ist kein Nebeneffekt, sondern eines der Ziele der Proteste. So freute ich mich dann auch, wenige Tage nach unserem Aktionsmarathon in Geesthacht und Krümmel in der *taz* zu lesen, es hätte Solidaritätsaktionen gegeben. Laut Presseberichten hätten beispielsweise zeitgleich zu unseren Protesten an der Strecke Menschen andernorts den Fuhrpark von E.ON besucht und dort Autos unbrauchbar gemacht. In einem Schreiben hätten sich Menschen zu den Aktionen bekannt und es sei darauf hingewiesen worden, dass E.ON als Mitbetreiber des AKW Krümmel ebenso in der Kritik stehen müsse wie Vattenfall. Wohl wahr.

### Erstaunlich, aber wahr: Vattenfall kommt unseren Forderungen nach!

Nach zweijährigem Stillstand ging der Pannenreaktor Krümmel im Juni 2009 wieder ans Netz. Bereits in den ersten Betriebstagen kam es zu zwei Zwischenfällen im Kraftwerk. Mit einer schon länger angekündigten Blockade machten wir kurz nach dem Wiederanfahren unsere Forderung deutlich, der Reaktor müsse sofort dauerhaft stillgelegt werden. Wir blockierten erst eines der Ausfahrttore des Kraftwerkes an der Elbe und später auch noch das Haupttor, sodass sämtlicher Verkehr über Nebenwege das Gelände verlassen musste. Wir fuhren zufrieden nach einem langen Aktionstag mit viel Presseinteresse nach Hause und freuten uns auf ein erholsames Wochenende. Aber alles kam ganz anders.

Am Folgetag, nach gemütlichem Frühstück auf dem Wagenplatz, erreichte uns die Nachricht, dass es in Krümmel zu einer automatischen Schnellabschaltung aufgrund eines Transformatorproblems gekommen war. Dass Vattenfall unserer Forderung nach der Stilllegung des Reaktors so schnell nachkommen würde, hätten wir ja nun nicht gedacht. Eilig warfen wir unsere Pläne für die kommenden Tage über den Haufen und beschlossen, am Sonntag nach Krümmel zu fahren und am Montag nach Kiel zum zuständigen Ministerium. Während wir nun also damit beschäftigt waren, ein qualmendes Modellatomkraftwerk zu bauen, erreichten uns immer neue skandalöse und beängstigende Nachrichten über den Unfall. Es sei zu Stromausfällen gekommen und zwei Drittel aller Ampeln Hamburgs seien ausgefallen. Sämtliche Zugsignale zwischen Hamburg und Hannover seien ebenfalls funktionsgestört gewesen und dementsprechend hätten die Züge auf Sicht fahren müssen, weshalb es zu massiven Verspätungen gekommen sei. Verkehrschaos also.

Damit aber nicht genug: Nicht Vattenfall hatte den Störfall wie vorgeschrieben der zuständigen Atomaufsicht gemeldet, sondern Polizisten, die vor Ort davon mitbekommen hatten. Eine Giftgaswolke stand über Hamburg und aufgrund zahlreicher Wasserrohrbrüche war unter anderem das Uniklinikum zeitweise ohne Wasser. Und was macht Vattenfall? Der Konzern muss einräumen, dass es neben den Problemen am Transformator auch zu Schwierigkeiten

Kaum wieder am Netz, schon der nächste Störfall im AKW Krümmel:
Wir demonstrieren für die endgültige Stilllegung des Meilers, Juli 2009.

mit Brennelementen gekommen war, der zuständige Kraftwerksleiter wird entlassen, und dennoch herrscht Empörung ob der Frage, ob Vattenfall ein zuverlässiger Betreiber von Atomanlagen ist. Erfreulich, dass wenigstens jetzt viel und wohlwollend über unsere Aktionen berichtet wird und die Forderung nach Stilllegung des Meilers in Krümmel sogar von Politikern aus der SPD aufgegriffen wird. Aber für uns gilt natürlich weiterhin: Wir fordern die sofortige Stilllegung aller Atomanlagen weltweit, denn genau das, was hier in Krümmel passierte, kann jederzeit und überall geschehen.

## Geh doch ma' arbeiten!

Und wieder verteile ich Flugblätter. Ich möchte erneut auf die Pläne eines Unternehmens hinweisen, sich am Bau neuer Atomkraftwerke zu beteiligen. Den meisten Leuten sind meine Flugblätter vollkommen egal. Sie nehmen den Zettel vielleicht noch an, werfen ihn dann aber nach einem abschätzigen Blick darauf in den nächsten Mülleimer. Es lohnt sich trotzdem – glaube ich –, denn jede zehnte Person liest vielleicht doch weiter.

Wenn da nicht noch der Nieselregen wäre. So macht das nun wirklich keinen Spaß. Aber wir können uns abwechseln und uns ab und an unter dem Vordach der U-Bahn mit Tee wieder aufwärmen.

Doch da sind ja auch noch diese Leute, die meinen, ich würde nicht arbeiten, und die mir vorwerfen, ich würde genau ihnen auf der Tasche liegen und sie ausbeuten und ich solle doch lieber »ma' arbeiten gehen«. Wenn also Hintergründe recherchieren, Flugblätter schreiben, Kopien erstellen, Leute zusammentrommeln, Pressearbeit machen und dann tagelang draußen stehen keine Arbeit ist, was ist denn dann Arbeit? Oder geht es um »ordentliche« Arbeit? Ist es also ordentlicher, für eine Versicherung Formulare zur

Überprüfung der Zulassung der Sonderleistung Anlage 3–7 zu erstellen, als sich dafür einzusetzen, dass die Erde auch in ein paar Jahren noch ein belebbarer Planet ist? Wenn dem so sein sollte, dann – können mich alle mal gern haben mit ihrer Ordnung. Denn warum sollte Ordnung per se schon ein Qualitätsmerkmal sein? Und wie kommen diese Leute darauf, ich würde ihnen auf der Tasche liegen? Was soll dieses verdammte Vorurteil, wer sich für etwas einsetzt, könne selbst keinen anständigen Job haben und müsse sicherlich Sozialleistungen beziehen? Und überhaupt: Wenn die Menschen, die Sozial- oder irgendwelche anderen Leistungen beziehen (nur am Rande erwähnt: die werden auf den dafür zuständigen Ämtern nach Strich und Faden konsequent unsozial behandelt), sich trotz ihrer miesen Lage auch noch für irgendwelche Umwelt- oder Sozialthemen engagieren, ist das doch unglaublich cool ... Vielleicht verbirgt sich hinter diesen Pöbelkommentaren ja auch ab und an so etwas wie ein schlechtes Gewissen. Die Erkenntnis, dass es Menschen gibt, denen es im Leben nicht nur um ihren eigenen Geldbeutel geht. Na gut, vielleicht auch nicht. Vielleicht sind das wirklich Menschen, die glauben, jede_r müsse das Leben mit Lohnarbeit und Bürojobs verbringen und ansonsten würden die Leute eben was falsch machen. Ich hab mein Leben viel zu gern, als dass ich Lust hätte, jahrzehntelang einen Bürojob zu machen, acht Stunden am Tag dort zu verbringen und fünf Wochen Urlaub im Jahr zu haben. »Aber es geht doch nicht anders«, sagen die Leute und haben es nie ausprobiert. Sie glauben, dass sie nur glücklich sein können, wenn sie sich ihren eigenen Sportwagen leisten können, stellen, wenn sie den Wagen dann haben, aber fest, dass sie jetzt immer noch nicht glücklich sind ...

Da lobe ich mir doch den Sonnenschein und die Vögel auf meiner bescheidenen Terrasse.

Aktionärsversammlungen sind öde und langweilig. Klingt nach Vorurteil. Meine Erfahrung sagt: Das stimmt auch. Aber es hätte keine Erwähnung in diesem Buch gefunden, wenn sich das nicht ändern ließe. Wie das denn? Erzählt sie jetzt wieder vom Flyerverteilen und Transparentehochhalten, Kreidemalen und Ein-wenig-Jonglieren? Nein. Na ja, zugegeben, auch. Aber den Teil kann ich kurz halten: Hauptversammlungen finden meist in großen Gebäuden und mit vielen Menschen statt. Viele Menschen nicht, weil es dort besonders spannend wäre, sondern weil es umsonst Essen gibt. Aus Erfahrung kann ich sagen: Die Verpflegung bei Vattenfall ist deutlich besser als die bei E.ON. Natürlich eignen sich die Vorplätze und Fassaden dieser Gebäude, um dort Kletteraktionen und eben erwähnten Kleinkram zu veranstalten, aber Hauptversammlungen haben noch eine viel spannendere Komponente: Alle Aktionär_innen haben das Recht, dort zu sprechen. Und es kommt noch hinzu, dass der anwesende Vorstand die Fragen der Aktionär_innen wahrheitsgemäß beantworten muss. Weil ja – rein formal betrachtet – das Unternehmen eben jenen gehört und der Vorstand nur die Geschäfte führt (und dafür ordentlich bezahlt wird). Was das nun mit mir zu tun hat? Es gibt einen Verband kritischer Aktionäre, die von zahlreichen namhaften Großunternehmen Aktien halten, um die damit verbundenen Stimm- und insbesondere Rederechte an kritische Menschen abzugeben. Und so wurde ich dann eben auch schon einmal zur E.ON-Aktionärin. Zu Beginn dieses Events muss Mensch sich als Redner_in anmelden und wird dann irgendwann aufgerufen, ans Pult zu treten. Per Lautsprecher und Großbildleinwand wird das in das gesamte Veranstaltungszentrum übertragen – also im Zweifelsfall in die Lounge eines großen Viele-Sterne-Hotels oder den Empfangsraum einer Multifunktionshalle. Die meisten Reden sind stinklangweilig: Klein- bis Mittelaktionär_innen beschweren sich über zu geringe Renditen oder bemängeln den einen oder anderen kleinen Rechenfehler und die ein oder andere Unterschlagung von Gewinnausschüttungen – übliches Finanzgerede und nicht meine Welt. Aber nun kommen auch wir zu Wort, die wir uns vorgenommen haben, die Politik des Konzerns kritisch zu beleuchten. Nachrecherchierte Zahlen zum Thema Klimaschutz und Investitionen in erneuerbare Energien werden vorgetragen. Eine Betroffene aus Finnland erzählt von Landschaftszerstörung für Uranabbau, ein Mensch aus Russland berichtet über die katastrophale Lagerung deutschen Atommülls in abgeriegelten Hochsicherheitsstädten, ein Student prangert den Konzern an für eine Werbekampagne, bei der gezielt Einfluss auf Kindergartenkinder genommen wird, ein Vertreter einer Initiative aus dem Münsterland spricht über Transporte mit hochgiftigem Uranabfall und ich kritisiere die miserable Informationspolitik nach den verheerenden Zwischenfällen in den AKW Krümmel und Brunsbüttel. Und alle stellen wir unsere Fragen. Ganz genaue Zahlen

Ich spreche als »Aktionärin« auf der E.ON-Hauptversammlung, April 2008.

wollen wir haben zu den Transporten auf den Zügen, zur Verwendung bestimmter Brennelemente, zur Menge der exportierten atomaren Abfälle, zur weiteren Geschäftspolitik der URENCO, also des Betreibers der Urananreicherungsanlage. Nachdem schon mehrere kritische Stimmen zu hören waren, wird die Redezeit gekürzt – offenbar haben wir einen wunden Punkt getroffen. Nach den Berichten aus Russland und Finnland meldet sich eine ältere Aktionärin zu Wort, die bisher E.ON-Aktien für eine sinnvolle Altersvorsorge gehalten hatte und nun erschüttert ist, was der Konzern alles nicht freiwillig erzählt. Sie dankt uns für unsere kritischen Beiträge. Die Antworten auf unsere Fragen werden rasend schnell vorgelesen – wohl in der Hoffnung, wir kämen dann nicht mit – aber damit hat sich der Vorstand getäuscht und so haben wir nun ein paar Daten mehr, die uns in unseren Argumentationen gegen die Konzernpolitik unterstützen. Danke an E.ON ... aber das Essen könnte wirklich besser werden.

Schließlich noch mal zurück zu den widerlichen Werbekampagnen – zur neuen Idee des »Informationskreises KernEnergie« des Atomforums. Nachdem nun alle Menschen wissen, dass Atomkraftwerke vermeintlich das Klima schützen, wird es im Frühjahr 2009 noch platter: »Willst du wirklich mit mir Schluss machen?«, fragt uns das Atomforum auf Postkarten. Tja, diese Frage macht es doch einfach. Danke, dass sie einmal so deutlich gestellt wurde: Ja, ich will, und es war überfällig!

# 3

## Ökostrom und die Eine Welt

Es ist November und es regnet. Wir stehen in Berlin mit Transparenten und gelben Luftballons vor dem Logenhaus. Wir protestieren hier gegen die aktuelle Endlagerpolitik und gegen den Versuch, die bisher bestehenden Endlager als »irgendwie ganz anders als Gorleben und deswegen nicht vergleichbar« darzustellen. Drinnen: eine Veranstaltung des Umweltministers. Ich laufe auf Stelzen herum und spiele den Strahlentod. Es ist nass und regnerisch und kalt. Um mich aufzumuntern, möchte ich mir eine Tafel Schokolade kaufen. Glücklicherweise ist ein Eine-Welt-Laden direkt in der Nähe. Der nächste Castortransport ins Wendland steht kurz bevor und andere Leute vor mir fragten in dem Laden nach, ob sie nicht Flyer für die Demo auslegen dürfen. »Nein«, hatte es geheißen, das ginge »nun wirklich nicht«. Ich höre davon und denke darüber nach, ob ich auf dem Absatz kehrtmachen und den Laden in meinem Hinterkopf als unpolitische Schickimicki-Maskerade abspeichern sollte. Als einen Laden, der wohl nicht wirklich politisch ist, sondern nur auf der Welle mitschwimmt, es sei eben »doch besser und irgendwie ein gutes Gefühl«, im Eine-Welt-Geschäft einzukaufen. Macht sich ja auch gut, davon beim Kaffeekränzchen zu erzählen. All das ging mir durch den Kopf, ich entschied mich dann aber doch, es zu versuchen, und machte mich auf den Weg.

Dort angekommen, bestätigt sich mein Bild: Ältere, geschminkte Frauen mit teurem Schmuck und teurer Kleidung stehen hinter der Theke und beäugen mich misstrauisch von dem Moment an, in dem ich den Laden betrete. Na gut, dann muss ich wohl erst mal irgendwie sympathisch wirken. Ich durchsuche also das Schokoladenregal, freue mich über verschiedene vegane Sorten und entscheide mich für eine teure Sorte. Beim Bezahlen hole ich dann meinen Stapel Flyer heraus und erzähle, dass es auch gewissermaßen fair gehandelten Strom gibt und dass dieses Flugblatt extra für Weltläden erstellt worden sei. Skeptisch beäugen die drei erst mich und dann das Flugblatt. »Ja, *das* hat wirklich Bezug zu unserem Laden«, sagen sie und sie nehmen ein paar Flyer an. Zwar nicht viele, aber immerhin.

»Fair gehandelten Strom ...?«, werden jetzt manche ungläubig fragen. Nein, es geht nicht um Uran mit Ökozertifikat und auch nicht um eine faire Bezahlung der Kohlekumpel. Es geht vielmehr um die globalen Folgen der Stromerzeugung und die Frage, wer es ausbaden muss, wenn die Industrienationen weiter auf Atomkraft und den Klimakiller Kohle setzen. Ich bin kein besonders großer Fan der aktuellen Klimadiskussion. Das mag den einen oder die andere verwundern: Klar bin ich gegen neue Kohlekraftwerke, ich mache auch Aktionen gegen neue Tagebaue, und Klimaschutz ist sicher immer eines der Argumente, die ich anführe. Aber die Al Gores dieser Welt gehen mir alle ganz schön auf die Nerven. Zum Beispiel damit, dass sie meinen, zum Nordpol fliegen zu müssen, um sich persönlich das schmelzende Eis anzugucken. Die Kanzlerin war auch schon da. Die hat bestimmt auch großes Mitleid gehabt mit den armen, kuscheligen Eisbären. Apropos Al Gore: Ich hatte mir eigentlich fest vorgenommen, in meinem Buch keine anderen Bücher zu kritisieren, aber ich kann mir den Gedanken an dieses Buch *Öko* von Peter Unfried nicht verkneifen. Der behauptet doch tatsächlich, ein Öko zu sein, allerdings, wie er betont, ein »neuer Öko« – nur weil er mit einem spritsparenden Auto seine Kurzstreckenfahrten erledigt. Der schafft es tatsächlich, ein vermeintliches Ökobuch zu schreiben, in dem es zu zwei Dritteln um Elektrogeräte und Autos geht – unglaublich. Und er ist – womit wir wieder beim Thema wären – begeistert von Al Gore ... eben jenem Politiker, der sich ähnlich wie Hermann Scheer als Retter der Welt zu inszenieren versucht, indem er immerzu erzählt, wie genau das mit der Weltrettung vor sich zu gehen habe. Und der dabei komplett verschweigt, dass eine ernst gemeinte ökologische Perspektive immer auch die Abkehr von einem System beinhalten muss, das auf ewiges Wachstum setzt. Und an dieser Stelle reicht es eben nicht, Werbung für Windräder zu machen und statt des Fliegers zu jedem zehnten Meeting mal die Bahn zu nehmen. Der aktuelle Klimadiskurs birgt aber in meinen Augen genau das Risiko, dass sich Menschen auf eine technisierte Lösung einlassen (irrsinnige Planktonprojekte zum $CO_2$-Binden oder unterirdische $CO_2$-Lagerung zum Beispiel) und das grundsätzliche Problem des Umgangs mit Ressourcen darüber ausblenden, solange das noch irgend geht. Wobei es schon stimmt, dass gerade diese Klimadiskussion Anknüpfungs- und somit Vermittlungsmöglichkeiten für eine radikalere, konsequentere Perspektive bietet. Allen *lohas* (*l*ifestyle *o*f *h*ealth *a*nd *s*ustainability), wie es neudeutsch so schön heißt, sei also an dieser Stelle nahegelegt, den Stromanbieter aus ökologischen und globalen Beweggründen heraus zu wechseln, und allen Menschen, die es etwas ernster meinen mit dem Eintreten für eine andere Welt, sei empfohlen, erstens keine *lohas* zu werden, zweitens den Stromanbieter dennoch zu wechseln und drittens mehr zu überdenken, als nur das »Wie« des ewigen Konsums.

## Licht aus? Nein, Licht an! oder: Worüber sich Umweltverbände streiten

Die *Bild* will das Klima retten. Klingt unglaublich, ist auch unglaubwürdig, macht aber was her: »Licht aus!«, heißt das Ganze. Bundesweit sollen für fünf Minuten alle Lichter ausgehen. Es wird vorgerechnet, wie viele Emissionen dadurch eingespart werden, und alle können sich als große Klimaschützende fühlen, wenn sie mitmachen. Der WWF, Greenpeace und der BUND zählen ebenso zu den Mitaufrufenden wie auch ProSieben. Prominente sprechen sich für die Aktion aus – so kommt zum Beispiel von Thomas Anders der Kommentar: »Ich mache mit, weil man nicht immer unter Strom stehen muss, um auf Hochtouren zu laufen.« Danke, Thomas, der Satz ist so gut wie deine Musik.

Robin Wood, NABU, attac, campact und BUNDjugend machen eine Gegenaktion, die weiter geht, aber auch nicht dagegen: Die Leute mögen sich die fünf Minuten nehmen, um ihren Stromanbieter zu wechseln und Energiesparlampen einzudrehen. Und sie haben dazu auch die passende Zeitung gefunden, nämlich die, die auch immer ganz radikal tut und irgendwie dagegen ist, ohne so richtig zu wissen, warum und wogegen eigentlich. Am Tag der Aktion hat nun also die *Bild* die »Licht aus!«-Aktion auf der Titelseite und die *taz* titelt mit »Licht an!«. »Diese rein symbolische Aktion – die mit keiner einzigen konkreten Forderung verbunden war – hat weniger dem Klima genützt, als dem Image der *Bild*-Zeitung«, heißt es auf der Homepage von »Licht an!« richtig. Eine in der Sache sinnvolle Kritik an symbolischen Großaktionen und Profilierung führt hier also konkret zu einer Gegenaktion, die sich nicht einmal konsequent gegen die »Licht aus!«-Aktion ausspricht, weil ja schließlich an anderer Stelle genau diese Verbände (bis auf die *Bild* natürlich) mit den »Licht aus!«-Verbänden (bis auf die *taz* natürlich) in Bündnissen zusammenarbeiten und gemeinsam energiepolitische Forderungen in den Raum stellen. Ja, was denn nun? Kooperierende NGO machen Antiaktionen, die keine Antiaktionen sind? Profilierung und Imagepflege als Grund für die Aktion werden enttarnt und thematisiert, um dann etwas dagegenzusetzen, nämlich: Profilierung und Imagepflege, immerhin verbunden mit einer Forderung … Durchgeknallter Vorgang, seltsames Geplänkel um – ja, um was eigentlich?, denn im Rückblick waren beide Aktionen ein ganz groß inszeniertes Garnichts.

## E-Mails zwischen Generationen

Ich bin auf einem Strategietreffen verschiedener Anti-Atom-Initiativen und -Verbände. Nein, falsch, auf einem Treffen der Chefetagen eben dieser genannten Gruppen. Ich fühle mich dort nicht wohl, ich weiß nicht so recht, was ich dort soll, das ist nicht meine Welt. Die anderen scheint das hier nicht zu stören, ich erkläre irgendwann mein Unwohlsein und verlasse die Veranstaltung ein paar Stunden vor Ende. Aber ich will nicht einfach nur so verschwunden sein, und darum schreibe ich Gerd Rosenkranz von der Deutschen Umwelthilfe e. V. eine E-Mail, in der ich mein Verhalten erkläre – vielleicht nicht nur mein Verhalten, auch meine Gefühle, mein Unwohlsein … und seine Antwort freut mich – und berührt mich. Ich meine, dass es sich lohnt, sich von seinem Verhalten ein paar Scheiben abzuschneiden.

Hallo Gerd,

damit mein Verhalten nicht falsch verstanden wird und als Dank für deine nette Reaktion, ich möge doch bleiben, möchte ich noch mal kurz erklären, was mich in Hannover bewegt hat zu gehen.

Ich bin niemandem böse (ich hoffe, dass das auch nicht so angekommen ist), hatte nur für mich persönlich das Gefühl, dass es mich nur unnötig frustriert hätte, an dem Strategietreffen bis zum Ende teilzunehmen. Das lag unter anderem an der Struktur von aneinandergereihten Vorträgen, die kaum Platz für Diskussionen ließen, und daran, dass ich das Konzept des Treffens von Beginn an für elitär gehalten habe. Solche Treffen fördern in meinen Augen die Entwicklung dahin, dass es eine kleine Politelite gibt, die sich mit Themen beschäftigt, und dann möglichst viele Menschen, die diesen Leuten relativ blind folgen. Mein Politikansatz ist ein eher partizipativer, d.h. ich würde mir wünschen, immer alle interessierten Menschen einbinden zu können, weil ich ihnen zutraue, in Dinge hineinzuwachsen. Wobei ich damit nicht sagen will, dass ich eine Patentlösung für das Problem habe, wie wir Treffen auf hohem Niveau und zielstrebig und dennoch mit offener Einladung machen können.

Auch wenn es weder für mich noch für Dich auf solchen Treffen neu ist, dennoch der Versuch einer Aufzählung, was mich darüber hinaus grundlegend gestört hat bzw. was ich schade finde bzw. weswegen ich mich unwohl fühlte (die Punkte sind nicht unbedingt vorwurfsvoll, sondern vor allem einfach feststellend gemeint):

– Sehr hohes Durchschnittsalter

– Beängstigend niedrige Frauenquote (beim Treffen in Hannover waren 75 Prozent männlich)

– Menschen hören sich selbst gern lange reden

– Identifikation mit eigener Organisation (»wir von …«) und wiederholte Hervorhebung der Erfolge dieser Organisation

– Hohe »Wir haben ja immer schon gesagt, dass ... und hatten damit Recht«-Quote

– »Unser Weg ist der beste«-Herangehensweise und damit verbunden die Abwertung anderer Wege

Was mich wohl auch etwas gewurmt hat, war das ständige Gerede von »Wir als Bewegung«, denn ich fühle mich anderen Menschen/Aktivist_innen deutlich näher als vielen von denen, die in Hannover am Tisch saßen. Nur als Beispiel: Die Szene/Subkultur/Peergroup/direct-action-Kletterbewegung fühlt sich für mich persönlich viel mehr nach einem Kollektiv und somit nach einem »Wir« an als die Anti-Atom-Bewegung. Ich glaube, dass dieses »Wir« nicht hilft, wenn es ein rhetorisches bleibt, genau den Eindruck hatte ich aber.

Was ich zudem nicht mag, ist das Kleinreden von Widerstand. Ja, ich bin zu jung, um Brokdorf und Wackersdorf mitgemacht zu haben, und als Tschernobyl explodierte, war ich gerade mal geboren, aber alles, was heute passiert, nur depressiv als wertlos zu betrachten, weil es mal deutlich bessere Zeiten gab, bringt uns erstens nicht weiter und frustriert zudem die jetzt Aktiven (die Äußerung, nach Krümmel/Brunsbüttel sei nichts passiert, zum Beispiel war eine solche, denn es gab in Hamburg mit »Tschüss Vattenfall« und von Robin Wood eine ganze Reihe von Aktionen/Kampagnen).

Insgesamt frage ich mich manchmal, warum sich Menschen in so verkrusteten und trägen Strukturen ernsthaft wundern, dass niemand nachkommt und »die Jugend« (wer auch immer das genau ist) auf so was keine Lust hat. In Ahaus bei der letzten Konferenz zum Beispiel waren relativ viele neue Gesichter, und ich glaube, dass Camping, Kletterworkshops und Lagerfeuer dafür nicht ganz unwichtig waren.

So, vielleicht kannst du mit all dem, was ich da geschrieben hab, gar nichts anfangen, aber mir war danach, es mal in Worte zu fassen und dir zu schicken.

Soweit erst mal,
Liebe Grüße,
Hanna

Später lese ich einen Tipp, den ich mir vielleicht schon früher hätte zu Herzen nehmen sollen. Es heißt dort, Mensch solle nie den Fehler machen, sich in Kneipen zu Veteranen der sozialen Bewegung hinzuzugesellen. Warum? Weil sie die immer gleiche Geschichte erzählen: Dass früher alles besser war, mehr passiert sei, überhaupt die Jugend von heute nur konsumorientiert wäre und die bisherigen Kämpfe somit gescheitert seien. Da ist was Wahres dran, aber es stimmt glücklicherweise nicht immer und nicht überall …

Liebe Hanna,

Sorry, dass ich es erst jetzt schaffe. Aber ich wollte es nicht hoppla-hopp machen, zumal ich mich sehr gefreut habe, dass du Dich noch mal gemeldet hast.
(…)
Viel anregender fand ich, was Du sonst an Kritik und Unbehagen beschrieben hast. Insbesondere über Dominanz, Dominanzgehabe, Männerüberhang, Politikelite und Widerstand, Expertenwissen und direkte Aktion etc. Zunächst hat mich

beruhigt, dass Du das artikulierst und dass innerhalb Deines Zusammenhangs offenbar SO darüber diskutiert wird. Obwohl es für die Widersprüche dahinter vermutlich keine Patentlösung gibt. Das war schon immer so. Aber man kann sie vielleicht produktiv machen. Grundvoraussetzung ist, dass man sich gegenseitig die lauteren Motive und die Ernsthaftigkeit nicht abspricht.

Mein Thema ist nicht das Alter (privat schon, politisch nicht), weil ich das nicht für entscheidend halte. Ich spreche lieber von Generationen, die möglicherweise in einer ähnlichen Szene und entlang derselben Auseinandersetzung politisiert werden, aber sich dennoch in einem gänzlich unterschiedlichen und unvergleichlichen Umfeld wiederfinden. Persönlich bin ich verspätet »anpolitisiert« worden, als ich so alt war wie Du jetzt (etwa) bist – da war RAF, Startbahn-West, Gorleben, später die Frage, ob es falsch ist, eine Bewegung zu einer Partei zu machen etc. – vorher war Fußball und sonst gar nichts. In den politischen Zusammenhängen, in denen ich mich damals rumtrieb, gab es praktisch keine Alten (also über 40-Jährigen). Und die wenigen, die es gab, haben wir sehr bewundert – nicht weil sie dominant, sondern weil sie überhaupt da waren (wegen ihnen ist mir dieses berühmte kleine Brecht-Gedicht von den »Stärksten«, die ihr Leben lang kämpfen und deshalb »unentbehrlich« sind, immer noch präsent). Der Unterschied zu heute also: Damals gab es eine Generation, die »uns« hätte dominieren und nerven können, gar nicht – die waren entweder tot oder früher Nazis oder hatten genug von der Politik. Was ich sagen will: Wir haben keine Erfahrung mit einer älteren Generation, die im Rudel auftritt, die sich dominant benimmt, die alles besser weiß, sich überhaupt nicht für alt hält und natürlich keinesfalls abtreten will. Aber ich ahne, dass das nervt … Abtreten ist nicht die Alternative – ich hoffe, dass Du das auch so siehst.

Was MICH nervt wie Dich, sind affige Kämpfe zwischen Vereinen, Organisationen, Personen, die alle einzeln nicht viel auf die Beine stellen, auch nicht viel vorzuweisen haben. Da sitzen zu viele schon zu viele Jahre in den immer gleichen Zirkeln zusammen – Dominanzgehabe gibt es genauso in allen Zusammenhängen, die ich kennenlernen durfte; überall wurde (vor allem von Männern) immer schon alles gesagt – nur noch nicht von allen: Und deshalb sagt man's eben noch mal. Da bilden wir keine Ausnahme – ich bin froh, dass absehbar ist, dass ich das nicht so lange tun muss wie andere.

Natürlich sind »Wir« keine Bewegung – ich spreche deshalb lieber von einem Zusammenhang –, noch viel weniger ein »Kollektiv«. Es kommt darauf an, welche Schlüsse wir daraus ziehen. Andere nehmen uns jedenfalls als Zusammenhang wahr und sehen uns keineswegs so schwach, wie wir selbst es tun. Selbst wenn wir eine generationenübergreifende Bewegung wären, bliebe das »Wir« partiell, und das ist auch vollkommen in Ordnung. Man muss in den Institutionen arbeiten und man kann das umso besser, je größer der Druck von außen ist. (Natürlich haben wir seinerzeit auch immer die »Systemfrage« im Kopf gehabt, einige von Euch haben das vermutlich immer noch, aber unter ungleich hoffnungsloseren Bedingungen, weil die Systemalternative von anderen auf vermutlich ein halbes Jahrhundert abgrundtief diskreditiert worden ist, aber das nur nebenbei). Die Grünen haben einen »Atomkonsens« ausgehandelt, der genau so war, wie ihn die Mitte dieser Gesellschaft wollte: Aussteigen, aber so, dass es niemand merkt. Dass dies nicht Nichts war, kann man nun sehen: Er wird bis aufs Messer bekämpft. Wenn Gabriel meinen und erreichen würde, was er an diesem Wochenende sagt, wäre dies mehr und besser, als wir im Moment hoffen können: Sieben AKW jetzt abschalten bedeutet, dass die Jüngsten zwei/drei Jahre länger laufen – wenn sie denn technisch ohne Probleme bleiben. Aber damit es so kommen kann, braucht es den Druck von außerhalb der Institutionen. Deshalb bin ich an einem Punkt hundertprozentig Deiner Meinung: Zu behaupten, nach Krümmel/Brunsbüttel wäre nichts geschehen, ist eine Frechheit. Von Leuten, die selbst nichts auf die Beine gestellt haben und sich dann nicht einmal richtig informiert haben.

Was ich sagen will: Das eine geht nie ohne das andere. Wenn der Außendruck abnimmt, werden sich erst in der SPD (wo nach einer internen Umfrage derzeit achtundachzig Prozent den Ausstiegskurs mittragen – und damit mehr als auf jedem anderen politischen Feld, das die SPD zurzeit vertritt) und dann bei den Grünen die Verhältnisse langsam, aber sicher ändern. Das Ding ist längst nicht verloren, aber eben auch nicht gewonnen. Verschiedene Leute kämpfen auf unterschiedlichem Terrain, man mag die Sozen oder die Grünen mögen oder für Schlappschwänze oder Gegner halten – klar ist: Wenn dort die Stimmung kippt, kippt sie auch in der Gesellschaft.

Und man mag sich auf die Lippen beißen bei dem Gedanken, dass die eigenen Aktivitäten letztlich immer nur indirekt über die Institutionen und Parteien vermittelt ihre Wirkung entfalten – solange sich die Systemfrage nicht stellt, sehe ich dazu keine Alternative. Ich halte es für eine dümmliche Geschichtsklitterung, zu behaupten (wie es manche tun), erst der Atomkonsens hätte das Abschalten von Atomanlagen verhindert. Fakt ist einfach, dass wir es vorher in mehr als zwanzig Jahren nicht ein einziges Mal geschafft haben, eine Atomanlage mit Dauerbetriebserlaubnis stillzulegen (Mülheim-Kärlich hatte die auch noch nicht) – daraus muss man dann irgendwann mal Konsequenzen ziehen und was anderes versuchen. Dieses Experiment läuft noch. Es läuft nicht gut, aber bisher keineswegs schlechter als die anderen Versuche.

Um es noch einmal zu betonen: Wer die unterschiedlichen Wege, die wir beschreiten müssen, gegeneinander stellt oder auch nur in eine Hierarchie von wichtiger und weniger wichtig bringt, hat bestenfalls das Gesamtgewicht unseres Zusammenhangs geschwächt, schlechtestenfalls ganz verloren. Ich glaube, diese simple Wahrheit haben zu viele, innerhalb wie außerhalb der Institutionen, noch nicht verstanden (auch weil man sich gegenseitig unnötig Verletzungen beigebracht hat, statt kühl die unterschiedlichen Rollen wahrzunehmen). Gelegentlich wurde wohl auch – in der Hitze des Gefechts – vergessen, wo in dieser Frage die wirklichen Gegner stehen.

Noch mal etwas praktischer: Ohne »partizipativen Politikansatz« (früher nannte man das wohl basisdemokratisch) wären wir nie so weit gekommen, wie wir sind. (Da ist es wieder, das Wörtchen »wir«.) Aber das heißt für mich nicht mehr, dass alle alles können und tun müssen. Es wäre affig, wenn ich jetzt anfinge, Fassaden hochzuklettern, so wie es auch nicht jedermanns oder jederfraus Sache ist, sich in die Sicherheitskonzeptionen von AKW und ihre Schwachstellen einzuarbeiten. Stell Dir vor, alle Menschen wollten nun plötzlich Politiker (im engeren Sinn) werden – es wäre furchtbar, war aber durchaus mal eine Konzeption, die wir als aufrechte Anhänger der Direkten Demokratie oder anarchistischer Konzepte verfolgt haben. Es reicht, wenn es solche gibt, die Politik eher aktionistisch betreiben, und andere, die überzeugt sind, sie auch in den Institutionen betreiben zu müssen, auch zur Erlangung von Machtpositionen. Bange wäre mir nur, wenn alle nur noch eins von beiden täten. (...) Wir brauchen Leute, die die Fachdebatten für uns entscheiden können, ebenso wie wir Leute brauchen, die Aktionen/Demos etc. organisieren und durchführen können – und es wäre nicht schlecht, wenn das Verständnis für den/die andere/n, die an derselben Sache arbeiten, ein bisschen wachsen würde.

Und schließlich: Über die »verkrusteten Strukturen«, die eher abschreckend als einladend wirken, haben wir schon 1972 bei amnesty international lamentiert, das ist wohl eine ständige Aufgabe – sich dieser Probleme bewusst zu werden und nach höherer Attraktivität für die Jüngeren zu suchen. Dafür, dass dies ab und zu gelingt, steht nicht nur die Tatsache, dass es amnesty noch gibt (und zwar stärker als damals), sondern auch die Tatsache, dass es Dich gibt. Ich selbst kann nicht beurteilen, wie verkrustet die Bewegungszusammenhänge sind, ich bewege mich in meinem Alltag woanders, ich gehe und bin auch während meiner Journalistenzeit zu Demos etc. gegangen, aber welche Kämpfe sich bei der Vorbereitung abgespielt haben, kann ich nur ahnen (bei der Vorbereitung der zentralen Demos der Klima-Allianz habe ich ein wenig mitorganisiert).

Liebe Hanna, (...) Es wäre schon viel gewonnen, wenn die Kommunikation nicht unter- oder abgebrochen wird. Daran lass uns weiter arbeiten, aber so, dass es auch Spaß macht.

Grüße
Gerd

# 4

## Das Tier im Schokoriegel und: Warum retten Würste das Klima?

Strom kommt aus der Steckdose, das hatte ich ja schon erklärt. Essen kommt übrigens aus dem Kühlschrank. Wie, Sie waren schon mal einkaufen? Also gut, das Essen kommt aus dem Supermarkt. Da gibt es Kühlregalbäume und dort wachsen die Sachen. Wie jetzt? Sie haben sogar schon mal einen Apfelbaum gesehen? Das kann nicht sein! Und gibt es auch Joghurtbäume? Wie, Sie meinen, Joghurt wächst nicht an Bäumen? Oder doch? Sie sind nicht ganz sicher? Ah, danke: »Joghurt kommt aus Milch von so großen lila Tieren, die in den Bergen rumlaufen.«

Viele Menschen haben entweder absolut keine Vorstellungen, woraus ihr Essen eigentlich besteht, oder stricken sich kitschige Traumwelten zurecht, aus denen ihr Essen vermeintlich stammt. Umfragen ergeben, dass viele Stadtkinder tatsächlich an lilafarbene Kühe glauben. Der Lebensmittelfarbstoff »Rot« wird übrigens oft aus zermatschten Läusen hergestellt. In handelsüblicher Margarine sind Schlachtabfälle. Das »Beste« der Milch ist, wenn wir Nutella Glauben schenken – Magermilchpulver, mehr ist da nämlich nicht drin, was je aus Milch hergestellt wurde. Das Verfahren zur »Trocknung« besteht im Grunde darin, der Milch mit hohem Energieaufwand Vitamine zu entziehen. Magermilchpulver hat also ziemlich wenig mit Milch zu tun. Klingt alles ganz schön eklig, oder? Tatsächlich sind tierische Produkte aus der industriellen Massenproduktion in der Lebensmittelbranche kaum noch wegzudenken. Volleipulver und Süßmolkenpulver, Gelatine und Butterreinfett finden sich auf den Zutatenlisten vieler Produkte – auch solcher, die ohne Weiteres ohne tierische Produkte hergestellt werden könnten. Beim nächsten Einkauf einen Blick auf die Zutatenliste zu werfen lohnt sich …

Der hohe Konsum tierischer Produkte ist nur möglich, weil es die Massentierhaltung gibt. Massentierhaltung bedeutet, dass viele Tiere auf engem Raum gehalten werden. Sie haben oft ihr ganzes Leben lang nur den Stall gesehen und werden getötet, bevor sie ausgewachsen sind oder wenn sie es gerade sind. Damit haben sie nur einen Bruchteil der Zeit gelebt, die sie hätten leben können. Ihr Futter ist mit Medikamenten angereichert und voller Wachstumshormone. Ob sich die Haltung finanziell lohnt, hängt von verschiedenen Faktoren ab – keiner davon hat in irgendeiner Weise mit dem Wohlbefinden des Tieres zu tun. In der Schafhaltung sind zum Beispiel das »Erstablammalter« und die »Zwischenlammzeit« von Bedeutung. In der Schweinemast oder bei Wildunfällen wird nicht von Tieren, sondern von »Stück« gesprochen. Manche Schlachthöfe töten bis zu viertausend Schweine pro Woche.

»Ich esse fast kein Fleisch, ich bin eigentlich vegetarisch, denn du hast ja irgendwie recht«, sagen mir Menschen. Ich hab nie verlangt, dass sich Menschen vor *mir* rechtfertigen. Sie sollen sich selbst erklären können, warum sie tun, was sie tun. Nicht *ich* entscheide, was andere Menschen tun sollen, ich möchte nur an sie appellieren, sich die Konsequenzen ihres eigenen Essverhaltens klarzumachen. Ich möchte, dass Menschen sich für das, was sie tun, bewusst entscheiden.

Nun denn, kommen wir also zu Eiern und Milch: Geschlüpfte Küken werden nach Geschlecht sortiert und dann werden die männlichen Küken mit einem Kohlendioxidgemisch vergast – die legen schließlich keine Eier. Die weiblichen werden so lange als Legehennen gehalten, bis sie nicht mehr genügend Eier legen oder aus anderen Gründen sterben. Die Tiere sind dann so ausgemergelt, dass sie nicht – wie viele Leute glauben – als Hühnerfleisch verkauft, sondern verbrannt werden.

»Aber ich esse doch nur Bio«, höre ich jetzt Menschen sagen. Ich glaube, dass viele ihr Gewissen beruhigen, indem sie »Biofleisch von glücklichen Kühen« essen. Sie tun das, ohne sich damit auseinanderzusetzen, ob »Bio« tatsächlich so viel besser ist, und übernehmen unreflektiert die Werbung der Biolandwirte. Tatsächlich ist »Bio-Fleisch« für die Endverbraucher_innen gesünder, denn die Tiere haben weniger Medikamente und Hormone bekommen. Dennoch gilt auch hier: Neugeborene Kälber werden von den Muttertieren getrennt und schreien nach ihnen. Sie leiden teilweise an schweren Entwicklungsstörungen, weil sie mit Ersatzprodukten gefüttert werden. Die Anbauflächen, auf denen Futtermittel hergestellt werden, dienen nicht mehr der Ernährung von Menschen, sondern erst mal der von Tieren – die dann weiterverarbeitet werden. Mit einem fatalen Nebeneffekt: Die Fläche, die benötigt wird, um einen Menschen mit Fleisch zu ernähren, ist ungefähr fünfzigmal so groß wie die, die nötig ist, um einen Menschen mit Soja zu ernähren. Weltweit werden so zurzeit ungefähr siebzehn Milliarden Tiere gefangen gehalten, um Produkte zu erzeugen, die sicherlich nicht in erster Linie dazu da sind, neunhundert Millionen hungernde Menschen zu versorgen, sondern Luxusbedürfnisse zu befriedigen.

Was das mit meinem Alltag zu tun hat? Ich vertrete die Ansicht, dass Befreiung nicht beim Menschen aufhören muss. Wir werden es in einer Welt, in der Produktionsprozesse hoch komplex ablaufen, nicht schaffen, komplett ohne Produkte auszukommen, die an irgendeiner Stelle auf die Ausbeutung nichtmenschlicher Tiere zurückgreifen, aber wir könnten uns bemühen, es möglichst weit zu reduzieren. Ich schreibe bewusst an dieser Stelle »nichtmenschliche Tiere« und nicht »Tiere«, denn auch Menschen sind Tiere. Die kategorische Unterteilung von fühlenden Wesen in Menschen und Tiere macht einen Gegensatz auf, der jedenfalls biologisch keine Grundlage hat und mit dem jede Menge Ausbeutung gerechtfertigt wird. Biologisch sind Menschen Säugetiere – diese Feststellung würde nicht einmal die konservativsten Biolehrer_innen vor den Kopf stoßen. Und doch bedeutet sie für mich in der Konsequenz, so weit wie möglich auf tierische Produkte zu verzichten. Ich esse kein Fleisch, nein, auch keinen Fisch, keine Milchprodukte, keine Eier.

»Aber was isst du denn dann überhaupt?«, fragen mich Menschen besorgt. Ich erspare mir und euch eine Aufzählung, die den Rest des Buches zu einem Kochbuch machen würde, und empfehle einen Blick auf das Tiramisù-Rezept im Anhang.

Ich ernähre mich aber nicht nur vegan, ich kaufe auch kein Leder und keine Hautpflegeprodukte mit tierischen Bestandteilen oder solche Produkte, die an Tieren ohne deren Einverständnis getestet wurden. »Tests an Tieren ohne deren Einverständnis?«, werden jetzt manche fragen. »Wie sollten die denn auch gefragt werden?« Ja, eben! Genau darum geht es: Niemand hat die Affen im Labor gefragt, ob sie gern kahlgeschoren werden, Krebs kriegen oder ihnen die Augen zu »Blindheitstests« zugenäht werden. Die einzigen Tiere, die sich freiwillig als Testtiere zur Verfügung stellen können, weil mit ihnen eine zumindest einigermaßen eindeutige Kommunikation möglich ist, sind Menschen. Wobei auch hier die Frage gestellt werden muss, wie »freiwillig« die Einwilligung in einen Medizintest ist, wenn die betreffenden Personen sich das benötigte Medikament andernfalls nicht leisten könnten.

## Greenwashing bei Fleischprodukten oder: »Wie unwissend sind die Verbraucher_innen?«

Von Atomkonzernen kannten es viele schon und auch bei Autofirmen hat es nicht überrascht, im Bereich der Gentechnik ist es schon fast eine Selbstverständlichkeit: damit zu werben, wie »ökologisch wertvoll« die eigenen Produkte seien. Nun gesellt sich sogar die Fleischindustrie hinzu ...

Atomkraftwerke wurden zu Klimaschützern der Woche, obwohl Atomstrom weder emissionsfrei noch umweltfreundlich ist. Automobilhersteller hatten noch nie ein anderes Ziel, als Autos ohne Emissionen zu produzieren, obwohl immer neue Geländewagen für den Innenstadtgebrauch auf den Markt gebracht werden. Wer Gentechnik verwendet, tut dies, um etwas gegen den Welthunger zu tun, obwohl Patente auf Saatgut eine der Ursachen für Hungerkrisen sind. Schön, dass nun auch die Fleischindustrie Greenwashing als Werbestrategie entdeckt hat und die Welt mit absurden Versprechungen zu retten weiß.

Angesichts der momentanen Ernährungskrisen erscheint es absurd, den Konsum von Fleisch als ökologisch sinnvoll anzupreisen. Gigantische Weideflächen werden für Viehhaltung benötigt und immerhin bedeutet eine Kalorie aus tierischen Produkten ungefähr sieben pflanzliche Kalorien in der Erzeugung. Daran ändert auch Biohaltung wenig, die drastische Reduktion des Konsums von tierischen Produkten wäre eine deutlich sinnvollere Reaktion.

Den Biowurst-Erzeuger Ökoland hält das aber nicht von einer gruseligen Werbekampagne ab. »Superwurst« nennt sich das Projekt und es geht, man lese und staune, um die erste angeblich »emissionsfreie Wurst«. Sogar zertifiziert sei das Ganze, nach »Stop climate change standards«. Funktionieren soll es dadurch, dass die unvermeidbaren Emissionen in der Produktion über den Kauf von Zertifikaten »ausgeglichen« werden. Es werden also andernorts Windräder gebaut, wenn Menschen die Superwurst kaufen.

Ich habe sicherlich nichts gegen den Bau von Windrädern, aber ich sehe absolut nicht ein, warum dafür Menschen Fleisch konsumieren sollen. Doch der Trick funktioniert leider immer wieder, denn viele Menschen vertrauen offenbar blind allem, was nach einem Zertifikat aussieht, und kommen nicht auf die Idee, dass Windräder auch gebaut werden könnten, ohne Tiere zu töten. Freuen würde mich darüber hinaus auch die Erklärung, warum Emissionsneutralität jetzt ausreichen soll, den Klimawandel zu stoppen – ging es doch bisher berechtigterweise immer um eine drastische Senkung des $CO_2$-Ausstoßes!?

Quintessenz kann nur sein: Erst denken, dann kaufen.

# 5

## Wie besetze ich ein Genfeld?

Sonne. Sonne und kühle Limonade. Und Menschen mit Zuckerflash, weil sie sich von kühler Limonade ernähren. Alles andere ist nämlich Mangelware auf dem Maisacker im Wendland. Wir haben einen Kühlschrank angelegt – einen begehbaren … ein Loch im Boden. Weil wir gegraben haben, bis wir auf Wasser gestoßen sind, können wir mithilfe der Verdunstungskälte nun unsere Lebensmittel kühlen. Aber weil wir kaum Lebensmittel haben, kühlen wir unsere Limonade. Eine LKW-Ladung Biolimonade. Eine freundliche Spende der Firma Voelkel, deren Chef freut sich über unser Engagement gegen Gentechnik. Das Kühlschrankloch befindet sich nämlich auf einem Acker, auf dem Genmais der Sorte MON 810 ausgesät werden soll. Das geht aber nicht, solange wir hier sind. Und genau deswegen halten wir das Feld besetzt – um die Aussaat zu verhindern.

Tripods – also Dreibeine aus Holz – stehen auf dem Acker zwischen Deich und Elbe. Hängematten erlauben es, dort oben zu übernachten. Ich verbringe nur wenige Tage dort – insgesamt dauert die Besetzung über mehrere Wochen an. Es ist eine von zahlreichen Aktionen in diesem Frühjahr gegen Gentechnik.

Ich weiß nicht, wie es anfing, aber ich kann es vermuten. In einer Nacht-und-Nebel-Aktion schleicht sich eine kleine Gruppe von Leuten möglichst unbemerkt auf das Feld und errichtet als Erstes einen hölzernen Turm aus Baumstämmen. Wenn der steht, haben sie fürs Erste gewonnen, denn dann können eintreffende Polizist_innen erst mal nichts mehr anrichten. So einen Tripod aufzustellen, ist aber nicht gerade im Handumdrehen geschehen, das ist schließlich kein Klappstuhl. Es wiegt unglaublich viel und wenn es umfällt, sind Personen, die darunter standen, schwer verletzt. Deswegen empfiehlt es sich, das bei Tageslicht gut geübt zu haben und genug Leute mitzubringen. Wenn dann der Turm und ein Betonblock, um sich daran festzuketten, stehen, empfiehlt es sich, Zelte aufzubauen – je nach Jahreszeit ist das eine wichtige Komfortfrage, immerhin hat es auch schon Feldbesetzungen bei Schnee gegeben.

Und dann heißt es: Bleiben. Bleiben, bis erreicht ist, was wir erreichen wollen: Keine Gentechnik auf diesem Feld. Natürlich wollen wir den Dreck auch nicht auf irgendeinem anderen Feld, aber akut geht es erst einmal um die Verhinderung einer konkreten Aussaat.

Manchmal reagieren Leute erschrocken über eine so deutliche Aktionsform. Menschen, die auch gegen Gentechnik sind, aber Besetzungen »viel zu radikal« oder »irgendwie nicht vermittelbar« finden. Menschen aus Organisationen, die Unterschriften sammeln und Protest-E-Mails verschicken. Nicht, dass ich das grundsätzlich falsch finde, aber die Behauptung, eine Unterschriftensammlung sei leichter zu vermitteln, widerspricht jedenfalls meinen Erfahrungen. Weil bei einer Feldbesetzung vollkommen klar ist, was sie erreichen kann. Weil es einen sichtbaren Erfolg gibt. Weil ich in den Prozess, der mich stört, wirklich eingreife. Und viele Menschen finden das toll. Sie bringen warme Decken vorbei oder Tee. Sie besuchen uns ab und an. Vielleicht bleiben sie sogar für ein paar Tage. In jedem Fall ist ein besetztes Genfeld ein sichtbares Zeichen und regt Menschen an, sich Gedanken darüber zu machen, was sie auf ihren Tellern haben wollen.

Ich habe lange überlegt, den folgenden kurzen Einschub zu schreiben. Das liegt daran, dass ich Menschen und ihre Aktivitäten nicht schlechtreden will. Ich möchte sie animieren, aktiv zu werden, und wenn sie es schon sind, aktivieren, weiterzumachen. Und ich habe Bedenken, dass meine Kritik als unsolidarisch empfunden werden könnte. Dass Menschen das Gefühl bekommen, es gar nicht richtig machen zu können. Daher Folgendes vorweg: Ich bin mit sehr wenigen Aktionen, die ich selbst mache, so richtig zufrieden. Und ich hab auch nichts gegen Kröten und Fledermäuse. Aber zur Sache: In manchen – tja, was eigentlich? Kreisen? Szenen? Subkulturen? – kommt es vor, dass Leute auf Aktionen anderer schimpfen und sie »Vogelschützer« nennen. Was da mitschwingt, ist eine Kritik am klassischen »Umweltschutz«, also am Nistkästen-Aufhängen und Kröten-über-die-Straße-Tragen. Das ist unfair. Es resultiert jedoch aus dem Gefühl, dass es strategisch unklug sei, nur die Symptome und nicht die Ursachen der Probleme zu bekämpfen. Anders gesagt, ehrlicher, dass es ganz großer Mist wäre, die Augen zu verschließen vor einem System, in dem es einfach egal ist, ob Kröten sterben. Weil es naiv wäre, zu glauben, dass Kröten über die Straße tragen irgendetwas ändert. – Klar ändert es etwas: Es rettet jede einzelne Kröte, die überfahren worden wäre. Und das ist in jedem Fall eine gute Sache. Aber es ändert eben nichts an dem Zustand, dass Menschen Straßen bauen und zu viele Autos fahren. Die verschiedenen Ansätze sollten keinesfalls gegeneinander diskutiert werden, aber ich erlebe es leider immer wieder, dass Menschen, die Kröten retten, strategischere Überlegungen ablehnen und mir vorwerfen, ich würde mit meinen »verkopften« Kampagnen im Endeffekt überhaupt nichts konkret verändern. Was soll ich da sagen? … Vielleicht dies: Lasst uns eine Diskussionskultur pflegen, die es möglich macht, sich auch kritisches Feedback zu geben.

Gentechnik bedeutet, dass genetische Bestandteile aus einem Lebewesen entnommen und mehr oder weniger zufällig in ein anderes eingebaut werden. Und manchmal haben die Forscher_innen eben Glück und es kommt dabei unter anderem der erhoffte Effekt heraus. Das kann dann zum Beispiel eine gegen einen Schädling resistente Pflanze sein oder ein Gewächs, das resistent ist gegen ein Totalherbizid. Und eben diese neu geschaffenen Pflanzen werden dann zur Rettung aller Probleme herangezogen. Tatsächlich arbeitet die Gentechniklobby mit den absurdesten Argumenten. Das Hungerproblem würden sie lösen wollen, heißt es da zum Beispiel. Ja, die behaupten das wirklich. Dabei werden heute schon ausreichend Lebensmittel produziert. Das Problem ist nur, dass diese Lebensmittel genau den Menschen, die sie produzieren, weggenommen werden, eine künstliche Knappheit erzeugt und im Endeffekt ein großer Teil der Lebensmittel vernichtet wird. Eines der Vorzeigeprojekte der Gentechniklobby gegen Nährstoffmangel heißt »Golden Rice« – eine Reissorte, die einen höheren Anteil an Vitamin A aufweisen soll. Nur gibt es weder Testergebnisse, die das belegen, noch würde dieser Reis das Problem lösen, denn ohne eine ausgewogene Ernährung hilft mehr Vitamin A allein auch nicht, da der Körper das überhaupt nicht aufnehmen kann. Einige Forscher vermuten zudem unerwünschte Stoffwechseleffekte nach dem Verzehr des Wunderproduktes.

Weiter behauptet die Gentechniklobby, es könnten die Erträge gesteigert werden. Bei Baumwolle wurde das zum Beispiel versprochen, doch es zeigte sich nach wenigen Jahren, dass die gentechnisch veränderten Pflanzen anfällig waren für bis dahin unbekannte Krankheiten und so ganze Ernten ausfielen. Die Suizidrate unter den Anbauenden ist in den Baumwollgebieten seitdem massiv angestiegen. Gentechnik vernichtet Existenzen.

Gentechnik bedeutet aber auch die Patentierbarkeit von

Nahrung. Wenige Großkonzerne versuchen, sich Patente auf die Lebensgrundlage aller Menschen zu sichern, indem sie Saatgut patentieren. Um es mit Christoph Spehr zu sagen: »Die Industrie arbeitet heute daran, die Welt mit Nährpflanzen zu überschwemmen, die im Prinzip krank sind, wenn man nicht die richtigen Mittel zur Behandlung dazu kaufen kann. (...) Die Verbindung von Umweltschäden und Gentechnologie ist dabei, die Welt an sich zu einer Krankheit zu machen, deren Symptome nur die Konzerne des Nordens lindern können.« (zitiert nach Christoph Spehr: *Die Aliens sind unter uns!*)

Das jahrtausendealte Prinzip des bäuerlichen Arbeitens sah so aus, dass ein Teil der Ernte aufgehoben und zur Aussaat im nächsten Jahr verwendet wurde. Die Gentechnikkonzerne erhoffen sich eine Welt, in der alle bäuerlichen Betriebe alles Saatgut jedes Jahr neu bei ihnen kaufen müssen. Das geht durch Hybridsaatgut zwar auch ohne Gentechnik, die Entwicklung wird durch die Gentechnik allerdings deutlich verschärft. Die Konzerne streben eine Welt an, in der verklagt werden kann, wer eigenes Saatgut anbaut und dann Opfer von ungewollter Auskreuzung wird. Das glauben Sie nicht? Werfen wir einen Blick in die USA. Fast der gesamte Mais dort ist gentechnisch verändert und gehört Monsanto. Farmer_innen, die andere Maissorten anbauen, werden vom Konzern verklagt, wenn in deren Mais Spuren des patentierten Genmaises gefunden werden, die dort durch Auskreuzung hineingelangt sind. Der Konzern bekommt vor Gericht auch dann Recht und hat somit Anspruch auf Schadenersatz, wenn die betroffenen Farmer_innen weder von der Verseuchung mit Genmais wussten noch sie in irgendeiner Form gutheißen würden. Das war schon bekannt und es wurde in der Vergangenheit auch immer mal auf den US-Konzern Monsanto geschimpft? Gut, dann ist das ein Anfang – aber ich warne dennoch davor, die Augen vor den Gentechnikkonzernen aus Deutschland zu verschließen.

Immerhin befinden sich unter den zehn größten Gentechnikkonzernen auch deutsche Unternehmen wie BASF, KWS und Bayer, die an so unsympathischen Dingen wie Kartoffeln mit Choleragenen forschen, mit deren Hilfe sie zum Beispiel billiger Impf- oder Klebstoff herzustellen hoffen. Gewinnstreben von Chemiekonzernen und aus dem Boden sprießenden Firmengründungen, die Forschungsgelder abgreifen wollen, bestimmen das Geschehen.

Aber wieder zurück zu unserem besetzten Genfeld, auf dem ich selbst vor allem deswegen sitze, weil ich es als absolute Frechheit empfinde, Nahrungsmittel zu patentieren. Es sitzen hier auch Menschen, für die das wichtigste Argument die Unsicherheit und die Unerforschtheit sind. Aber wir haben ein gemeinsames Ziel und können prima zusammen Aktionen machen. Und trotzdem passiert es immer wieder, dass sich der eine oder andere Umwelt- oder Eine-Welt-Verband von dieser Aktion distanziert. Es handle sich um »Rabaukentum« oder so ähnlich, wird dann argumentiert. Dabei hängen dort in den Büros und Läden große Plakate gegen Gentechnik. Aber mehr auch nicht, schließlich wollen sie ja keine Leute verschrecken. Hingegen können die Feldbesetzungen eine erstaunliche Erfolgsgeschichte erzählen, immerhin wurden auf der Hälfte der besetzen Felder die Versuche beendet oder ausgesetzt. Große Zeitungen witterten aufgrund der Aktionen sogar schon das »Aus« des Forschungsstandortes Deutschland. Und die Menschen in der Umgebung der Felder sind größtenteils beeindruckt. Jedes besetzte Feld ist auch eine Plattform für weitere Aktivitäten wie Protestfussballturniere auf dem Genfeld, Mal-Workshops, Open-Air-Kino oder Diskussionsveranstaltungen. Es gilt also: Traut euch und sagt »Hallo«, wenn bei euch in der Nähe ein Feld besetzt werden sollte, es lohnt sich.

Die Initiative »Gendreck weg« veranstaltet jedes Jahr sogenannte »Freiwillige Feldbefreiungen«. Das sind Wochenenden, an denen mehrere Hundert Menschen zusammenkommen und neben Workshops und Diskussionen auch eine gemeinsame Aktion durchführen. Es geht bei diesen Aktionen darum, mehr als nur ein Zeichen zu setzen und greifbar etwas gegen Gentechnik unternommen zu haben. Konkret kann das so aussehen, dass aus einem Demonstrationszug an einem Genfeld entlang auf ein vereinbartes Zeichen hin Menschen ausscheren und auf das Feld laufen, um die dort wachsenden Pflanzen herauszureißen oder umzutreten. Wer bei der Medienberichterstattung über die Proteste gegen den G8-Gipfel 2007 in Heiligendamm gut zugehört hat, wird jetzt sicherlich schon an die berühmte Fünf-Finger-Taktik denken. Das hat die Medien rund um den Gipfel an der Ostsee sehr beschäftigt und immer wieder wurde darüber berichtet. Was so ausgeklügelt klingt, ist im Grunde nichts weiter als das Sich-Auffächern und so Unberechenbar-Sein einer größeren Menschenmenge, die dann für die Polizei nicht mehr einschätzbar ist und somit nicht oder eben nur sehr viel schwerer aufgehalten werden kann. Konkret bedeutet das bei Genfeldern, dass eine Polizeikette, die vor einem Feld steht, auseinandergezogen wird, und so Lücken in der Kette entstehen, durch die dann Menschen einfach hindurchlaufen können, um das Genfeld zu erreichen. Das Beeindruckende an dieser Aktionsform ist, dass Menschen am helllichten Tag eine Tat begehen, von der sie wissen, dass sie als Sachbeschädigung verfolgt werden wird. Sie nehmen also das Risiko einer Verurteilung bewusst in Kauf.

2008 fand das »gentechnikfreie Wochenende« bei Kitzingen in Bayern statt. In einer Kleingruppe saßen wir zusammen und grübelten, was wir machen könnten. Selbst aufs Feld gehen wollten wir nicht, und so überlegten wir, ob es nicht eine Aktionsform geben könnte, die strategisch Sinn hat und uns Spaß macht. Wir kamen auf die Idee, gleichzeitig zur bereits angemeldeten Demo auf der einen Seite des Genfelds, entlang der anderen Seite eine zweite Demo anzumelden. Dadurch, so erhofften wir uns, könnten vielleicht Polizeikräfte gebunden werden und die Demo auf der anderen Seite des Feldes hätte mehr Möglichkeiten. Außerdem, so spekulierten wir, würde die Gesamtsituation für die Polizei so unüberschaubarer und unsere Möglichkeiten, spontan zu agieren, größer. Gesagt, getan. Wir standen auf dem Campgelände und warteten auf die nächste Stippvisite der Polizei. Klar kamen die Freunde und Helfer in Grün auch bald, denn sie wollen ja einschüchtern. Das Camp war legal und dagegen konnten sie nicht viel ausrichten, aber zumindest tauchten sie immer wieder auf, um Stärke zu demonstrieren und um zu gucken, ob hier etwa Straftaten vorbereitet würden. Und weil eben solche Einschüchterung das Ziel der Polizisten war, waren die auch sehr perplex, als wir freudig auf sie zukamen, um unsere zweite Demo bei ihnen anzumelden. Das ginge nicht, die Versammlungsbehörde hätte geschlossen. Also gut, dann geben wir eben mal wieder Rechtsnachhilfe für die Polizei. Die allermeisten Leute hätten an dieser Stelle wahrscheinlich schon aufgegeben und auf ihre Demo verzichtet. Das ist aber absolut nicht notwendig, denn sobald die Versammlungsbehörde geschlossen hat, ist die Polizei in Vertretung zuständig. Die Tatsache, dass es ab Freitag Mittag keine Versammlungsbehörde mehr gibt, bedeutet also nichts weiter, als dass genau die Polizist_innen, die gerade vor einem stehen, dafür zuständig sind, Versammlungsanmeldungen entgegenzunehmen. Nachdem wir das erklärt hatten, entgegnete die Polizei, dass die Demo ohnehin nicht genehmigt werden würde und wir es deswegen auch gleich sein lassen könnten mit der Anmeldung. Da stecken jetzt gleich zwei

Frechheiten drin: Die Beamt_innen, die die Anmeldung entgegennehmen, sind nämlich überhaupt nicht die, die darüber entscheiden, ob es ein Verbot der Demo geben wird, außerdem ist es dreist, dass sie versuchen, einen abzuwürgen mit der Behauptung, es hätte ohnehin keine Chancen auf Erfolg. Zum Zweiten ist auch die Behauptung, Demos müssten genehmigt werden, falsch. Richtig ist: Demos müssen angemeldet werden (und das geht im Zweifelsfall auch spontan) und Demos können verboten werden. Eine Pflicht auf eine Genehmigung einer Demo – also der Wahrnehmung eines Grundrechtes – gibt es nicht. Unsere Erläuterungen führten dann dazu, dass die Polizei unsere Anmeldung erst mal entgegennahm. Begründet haben wir unsere Zweitdemo damit, die Initiative sei uns zu lasch (wir mussten uns ja irgendeinen Grund ausdenken, weshalb wir eine weitere veranstalten wollten). Demo-Motto wurde dann auch »Gens(t)aat abschaffen« und unser Fronttransparent war das prolligste und auffällig-autonomste, was ich seit Langem gemalt habe: schwarz-rot und mit roten Sternen, Anarchie-A und züngelnden Flammen drauf …

Am Demotag wollten wir mit dem Auto zum Ort unserer Auftaktkundgebung fahren. Nicht wirklich überraschend war es, dass die Polizei uns schon vorher auf der Straße anhielt und nicht weiter durchlassen wollte. Unsere Demo sei verboten worden. Wir erzählten, dass noch weitere Menschen ihr Kommen angekündigt hätten und selbst bei einem Verbot der Demonstration eine Kundgebung am Auftaktplatz stattfinden kann und dass es keine Rechtsgrundlage gäbe, um das zu verbieten. Nach längerer Diskussion und damit einhergehend der Beschäftigung von bereits etwa sieben Polizist_innen wurden wir zum Ort unserer Auftaktkundgebung durchgelassen. Wir kamen dort allerdings schon in Polizeibegleitung an und durften das Fahrzeug nicht verlassen. Nach einigem argumentativen Hin und Her war die Polizei dann sogar der Meinung, wir seien im Auto sitzend schon eine Versammlung und eben jene würde nun aufgelöst. Unsere Personalien wurden gleich aufgenommen und wir erhielten noch einen Platzverweis für die ganze Gegend. Gültig war dieser laut Polizeiaussage auch für den Bereich, in dem zeitgleich die andere, große Demo stattfinden sollte. Genau dorthin machten wir uns nach unserer Versammlungsauflösung dann aber auf den Weg. Wir hatten für etwa eine Stunde den Einsatzleiter des gesamten Einsatzes und noch zwei weitere Polizeiautos samt Besatzung gebunden, immerhin. Als wir bei der anderen Demo ankamen, wollte uns die Polizei festnehmen, denn wir hätten angeblich gegen einen Platzverweis verstoßen. Wir argumentierten, dass es diesen Platzverweis zwar gebe, das Versammlungsrecht aber das Polizeirecht breche und der Verweis somit für Demos sowie die Wege dorthin und von dort weg nicht gelte. Aber – ich weiß, das werden mir viele nicht glauben, die Erfahrung müssen Menschen vielleicht einfach mal selbst machen – das war der Polizei egal und so versuchte sie, Einzelne von uns festzuhalten. Mehr war ihnen nicht möglich, denn wir waren zu diesem Zeitpunkt zahlreicher als sie. Als ihnen das klar wurde und die Ersten von uns in der Demo der anderen verschwanden, gaben sie dann auf und ließen uns in Ruhe. Ein harter Kampf um einen kleinen Rest an Grundrechten …

# 6

## »$O_2$ wegpömpeln« oder: Warum ich manche Autonome nicht mag

»Die Autonomen« demonstrieren mal wieder. Wogegen? Wenn ich es nicht wüsste, den Transparenten im Demozug würde ich es sicherlich nicht entnehmen können. Und die Durchsagen und Redebeiträge sind für außen stehende Personen auch unverständlich, weil sie entweder leise und in schlechter Tonqualität oder voller Szenewörter sind. Gegen »das Kapital« und »die Kapitalisten« und »die Imperialisten« und für »Solidarität« eben. Sosehr ich diesen Forderungen im Einzelnen möglicherweise auch nahestehe, so fatal finde ich, dass sich Demoteilnehmer_innen gegenseitig nur im coolsten Transparent zu überbieten versuchen und es viel zu selten um die Außenwirkung einer Demonstration geht. Es wird eifrig geflucht auf den Staat und die »Drecksbullen«, aber eben nur, solange eine ganze Demo dahintersteht.

Konkret: In Berlin sollen nach dem Willen einiger Investor_innen und Politiker_innen an der Spree Konsumtempel entstehen, das Ufer soll zugebaut werden, die ganze Gegend »aufgewertet« werden. Was als »innovativ« beworben wird, bedeutet in der Realität den Verlust von Freiflächen und den Anstieg der Mieten. Damit einhergehen wird die Zerstörung von Stadtteilkultur und kleineren Kunsteinrichtungen. Doch verkauft wird es als *das* Zukunftsprojekt »Mediaspree«. Die Stadt investiert Tausende von Euro in Großprojekte wie beispielsweise die $O_2$-World, eine Multifunktionsarena für Großveranstaltungen wie Sportereignisse und Konzerte, streicht auf der anderen Seite aber Gelder in sozialen Bereichen und in der Förderung kleiner Kunstprojekte. Natürlich bin ich nicht einverstanden und sicherlich finde ich es auch richtig, dagegen aktiv zu werden. Ich finde an dieser Stelle auch das Mittel Demonstration geeignet, was mir andernorts manchmal wie ein sinnfreies Im-Kreis-Laufen zur eigenen Gewissensberuhigung erscheint. Ich finde es an dieser Stelle sinnvoll, weil es etwas zu blockieren gibt: die Eröffnungsfeierlichkeiten. Ich freue mich darüber, dass es sogar eine kreative Idee gibt, um effektiv zu stören: Die Demonstrierenden waren aufgerufen, sich feierlich anzuziehen und nicht typisch autonom aufzutauchen, damit sie sich abends unter die teilnehmenden Gäste mischen können, ohne aufzufallen. Ich überlege, wie ich mich einbringen möchte, und entscheide mich dafür, das Spaß-Team zu stellen: Zu zweit ziehen wir uns Blaumänner an, statten uns mit Straßenmalkreide aus und packen Pömpel, Klobürsten und Staubwedel ein. Wir haben uns vorgenommen, die schick angezogenen Leute in der Demo und angemessen gekleidete Passanten am Rande für ihr Outfit zu loben, noch einmal zu beteuern, wie ungeheuer feierlich und wichtig der Anlass sowie diese grandiose neue Halle sei und ihnen dann mit Staubwedeln die Schuhe zu polieren und mit den Klobürsten noch einmal die Frisur zu richten. Das klappt auch so weit ganz gut, nur dass eben doch frustrierend wenige Menschen dem Aufruf gefolgt sind und doch ein ganzer Teil der Demo im typischen »autonomenbunt«, also Schwarz-mit-schwarz-Outfit, auftaucht. Das einzig wirklich Bunte an der Demo ist ein kleiner Bollerwagen, an dem Sekt ausgeschenkt wird, und wir zwei als Putztruppe. Die Medien sind hellauf begeistert von Klobürstenjonglage und Kreidesprüchen – jedenfalls zunächst. Später werden diese freundlichen Bilder dann versteckt, und prägender Eindruck sind der Berichterstattung zufolge angebliche »Krawalle«. Da ist es Menschen gelungen, die Bühne zu stürmen, von der sie dann brutal heruntergeschubst und -geprügelt werden: Das wird anschließend als »Krawall« betitelt. Aber so ist es eben, immer wieder. Kein Grund aufzuhören, nur ein Grund mehr, eigene und unabhängige Pressearbeit zu leisten – Gegenöffentlichkeit zu schaffen. Aber um wieder zurück zum Thema zu kommen: Nach Ende dieser Demo bleibt ein Teil der Menschen auf der Straße und blockiert sie. Ein anderer Teil versucht, sich in Kleingruppen näher an die Halle heranzubewegen. Auch wir zwei machen uns auf den Weg und entscheiden uns für eine Straße, die hinter der Arena entlangführt. Wir laufen dort – auf dem Weg fischen wir noch ein paar Äpfel aus einem Discounter-Container und verschenken diese –, und uns kommen bestimmt fünfundzwanzig Menschen entgegen – einzeln oder in Kleingruppen –, und alle sagen uns: »Da müsst ihr gar nicht erst weiterlaufen, da haben die Bullen dichtgemacht.« Wir fragen uns, wie viel Polizei dort wohl stehen mag, dass so viele Aktivist_innen aufgeben, und wollen uns das nun mal anschauen. Am Ende der Straße angekommen, sehen wir zwei Zivilpolizisten mit einem Hund. Ich hatte es befürchtet. Da geben doch tatsächlich fünfundzwanzig Leute auf, weil ihnen zwei Polizisten im Weg stehen. Und statt wenigstens nach der Rechtsgrundlage für diesen Polizeieinsatz zu fragen oder danach, warum es denn hier nicht weiterginge, kehren sie um, weil dort »kein Durchkommen möglich« sei. Das muss von Leuten, die »cool« bleiben wollen, natürlich so formuliert werden, denn würden sie sagen »Ich bin überfordert mit zwei Zivibullen«, dann wären sie vielleicht nicht mehr so »in«, hätten vielleicht kein Image mehr als »echte Revolutionäre, die keine Bullen abkönnen«. Ich glaube jedenfalls, dass die Polizei sich ihrer Sache an dieser Stelle absolut nicht sicher war, denn es dauerte gerade mal ein paar Kreidesprüche und fünfzehn Minuten Diskussion, warum es denn auf der anderen Seite ihrer Sperre gefährlicher sein sollte als dort, wo wir stünden, und warum denn die Hunde keinen Maulkorb tragen müssten etc., um drei Mannschaftswagen mit Verstärkung an den Ort des Geschehens zu locken. Nein, durchgekommen sind wir an dieser Stelle nicht, aber ich finde, die Entwicklung macht klar, dass auch in solchen Situationen Potenzial für Diskussionen steckt. Dass sich eine Vermittlungsebene finden und vor allem, dass sich die Polizei aus der Ruhe bringen lässt. Und es kann durchaus eine sinnvolle Strategie von Protesten sein, Polizeikräfte zu binden. Eben das war hier geschehen – nur nebenbei erwähnt: ganz ohne Personalienfeststellung.

Dennoch eine Anmerkung, damit ich nicht falsch verstanden werde: Ich finde Zwangsapparate wie den Staat überflüssig und würde staatlich bezahlte und beschützte kriminelle Vereinigungen wie die Polizei lieber heute als morgen abgeschafft wissen. Ich verstehe Menschen, die keine Lust haben, gefilmt und identifiziert zu werden. Ich kann gut verstehen, dass Menschen keine Lust haben, verprügelt zu werden. Nur allzu gut kann ich nachfühlen, dass Menschen keine Lust auf Konfrontation mit der Polizei haben. Ich stelle nur die Frage, ob es auf dem Weg zu einer Welt ohne Polizei und Staat nicht vielleicht kontraproduktiv ist, eigene Ängste hinter einer Macker-Fassade mit Proll-Attitüde zu verstecken. Meiner Erfahrung nach ist der einzige Weg, einen souveränen und selbstsicheren Umgang mit der Polizei zu finden, sich die eigenen Ängste vor Augen zu führen und das eigene Verhalten zu reflektieren. Es kann übrigens ganz schön viel Spaß machen, die Polizei als Übungsobjekt für kreative Ideen zu begreifen – egal wo sie einem begegnet.

Meine Mutter meint, ich solle ein Kapitel schreiben, in dem »die Autonomen« gut bei wegkämen. Weil die Medienberichterstattung eine Frechheit sei und die Menschen so viel Unfug über den schwarzen Block zu wissen meinen. Ja, sicherlich hat sie damit recht. »Krawalltouristen« oder wahlweise auch »Hass-Chaoten« heißen sie in den Medien.

Manchmal angeblich nur aus Lust an einer Prügelei mehrere Hundert Kilometer angereist. Ganz ehrlich: Ich finde es eher beeindruckend als kritikwürdig, dass Menschen mehrere Hundert Kilometer fahren, um dort für ihre Anliegen zu demonstrieren. Und wenn sie dorthin fahren, obwohl sie schon zuvor die Erfahrung gemacht haben, von der Polizei verprügelt worden zu sein, und davon ausgehen müssen, dass das auch wieder passieren wird, dann finde ich das erst recht nicht verachtenswert. Wie schön, dass es Menschen gibt, die sich von Polizeigewalt nicht so weit einschüchtern lassen, gar nicht mehr laut zu werden. »Zugereiste Chaoten beim G8-Gipfel« ist zum Beispiel so etwas komplett Unsinniges. Denn immerhin sind die Staatschefs auch fast alle zugereist – so ist das eben bei internationalen Treffen. Dementsprechend ist es nur logisch, wenn auch der Widerstand überregional ist. Oder das Beispiel NATO-Konferenzen – »Sicherheitskonferenzen«, wo unter anderem über Atomwaffen diskutiert wird. Die reden da dann beispielsweise über Waffen, die von Amerika aus auf Knopfdruck Europa unbewohnbar machen könnten, aber kriminell sind die, die fünf Stunden Zugfahrt auf sich nehmen, um bis zum Tagungsort zu fahren, wo sie die Abschaffung solcher Waffen fordern?

## Der eigene Tellerrand

Ich chatte im Netz und werde von einem Bekannten gefragt, ob ich ihm beim Umzug helfen könne. Klar, ist bei mir um die Ecke, auch Berlin ist ja immer wieder ein Dorf. Ich stehe ein paar Tage später also etwas früher auf, trinke einen Kaffee und laufe die zehn Minuten. Ich schleppe ein paar Möbel Treppen rauf und andere Möbel runter, verstehe nicht, wer aus- und wer eingezogen ist und wer hier nun mit wem ein Zimmer getauscht hat, finde das aber auch nicht so wichtig und habe Spaß dran. In einer Pause stehe ich mit den Leuten in der Küche. Alle essen – ich nicht. Weil es nichts Veganes gibt. Nur Salami und Käse von Lidl. Ich finde es schade, aber es wundert mich nicht. Ich frage die Leute schließlich, ob sie am nächsten Wochenende Zeit hätten, zu einer Aktion ganz in ihrer Nähe zu kommen. Ja, grundsätzlich schon, worum es ginge. »Gentechnik« sage ich. Oh, nein, da würden sie nicht kommen, ich hätte damit zwar recht und sie seien schon auch dagegen und so, aber sie seien nun einmal Antifas und nichts weiter. Ich habe innerlich die Augen verdreht und mir einen bösen Kommentar verkniffen. Die Situation sprach für sich. Dann eben nicht. Sehr schade. Dabei könnten die verschiedenen Protest- und Widerstandskulturen doch so viel voneinander lernen …

# 7

# Wie Panzer Kinder füttern

### Abrüstung einfordern …

Die FKFA kündigt bei einer amerikanischen Kaserne in Darmstadt eine zivile Stützpunktinspektion an, sollte die Kaserne nicht freiwillig eine komplette Inventarliste der dort gelagerten Waffen vorlegen. Die Abkürzung FKFA steht für »Freie Kommission für Frieden und Abrüstung« und ist zuvor noch nie in Erscheinung getreten – jedenfalls nicht öffentlich. Wir stehen nun also vor der Kaserne und fordern Einlass, denn unserem Anliegen wurde nicht nachgekommen. Wir wollen wissen, was an Waffen hier gelagert ist und ob die Öffentlichkeit umfassend darüber informiert wurde. Sichtlich unschlüssig gehen die Soldaten der Kaserne mit uns um. Wir beharren auf unserem Anliegen und schließlich telefoniert der Chef des Stützpunktes eifrig hin und her, informiert das »Headquarter« in »Heidelbörg«, schickt uns im Endeffekt allerdings weg. Wir nehmen das zum Anlass, um sofort eine Pressemitteilung herauszugeben, in der wir betonen, wir seien konsterniert ob solch eines Verhaltens und der beharrlichen Weigerung des Militärs, uns die gewünschten Auskünfte zu erteilen. Unsere Transparente haben sicherlich auch den einen oder anderen Passanten und die eine oder andere Autofahrerin erreicht und somit sind wir mit der Aktion insgesamt zufrieden. Niemals wären wir auch nur im Traum darauf gekommen, dass dieser Versuch einer zivilen Inspektion in die militärischen Akten eingehen und noch Monate später für Unruhe sorgen würde. Nur zufällig bekommen wir mit, dass die US-Streitkräfte sich wochenlang damit beschäftigt haben, wer denn nun diese ominöse FKFA gewesen sei und ob die wohl wiederkommen würde. Klar kommen wir wieder, und das nächste Mal fangen wir auch gleich mit der Abrüstung an ...

### ... Militärbasen blockieren

Ich trinke gern Whisky und hügelige Landschaften mag ich auch. Ich kann die Frage, ob ich schon einmal in Schottland gewesen sei, mit einem »Ja« beantworten. Nur hat, ehrlich gesagt, das alles miteinander nicht allzu viel zu tun.

Nach einer ungefähr eintägigen Busfahrt kommen wir etwas gerädert, aber zuversichtlich gespannt in Glasgow an. Wir können in einer kirchlichen Einrichtung unsere Sachen ausbreiten und uns vorbereiten. Fühlt sich seltsam an, in diesem Umfeld mit Metallrohren herumzuhantieren. Rohre, um sich damit an anderen Menschen oder irgendwelchen Gegenständen festzuketten. Abends gilt es, sich den Aktionsort schon einmal mit einem kleinen Team anzugucken, um den anderen einen Eindruck vermitteln zu können. Mit einem Auto fahren wir also die Westküste Schottlands entlang. Das Sperrgebiet ist nicht zu übersehen. Ein hoher Zaun mit Stacheldraht und militärischen Wachposten. Eine ganze Bucht ist so abgesperrt. Wir beschließen, uns danach noch ein wenig wie normale Touristen zu verhalten, und setzen uns in eine Bar. An den Wänden hängen Ölgemälde mit U-Booten drauf – zwei Drittel der Anwesenden tragen Uniform. Sofort setzen sich Leute zu uns und fragen uns aus. Was wir denn gerade hier machen würden und warum es uns nun ausgerechnet hierhin verschlagen hätte. Weil wir es für strategisch unklug halten, die Wahrheit zu erzählen, sprechen wir über die Landschaft und den leckeren Whisky.

Den haben wir uns dann auch gegönnt – nicht nur der guten Tarnung wegen.

Spät in der Nacht kommen wir zurück und treffen auf ein Rollenspiel, in dem das Szenario einer möglichen Räumung dargestellt wird. Beeindruckend ist, dass auch einige ältere Personen mitmachen – sie haken sich mit den Armen aneinander fest und lassen sich wegtragen, sie probieren es aus, wie es sich anfühlt, sich mit einem Metallrohr an eine andere Person anzuketten, und erzählen von Widerstandsaktionen von vor zwanzig Jahren. Damals hätten sie die Atomwaffenstationierung in Deutschland verhindern wollen.

Am nächsten Morgen fahren wir los – ein ganzer Reisebus voller Menschen. Unser Ziel: der Atom-U-Boot-Stützpunkt Faslane-on-Clyde. Oder genauer gesagt: eine der zentralen Zufahrtsstraßen zu eben diesem Stützpunkt. Der Bus hält neben der Straße an, wie verabredet blockieren wir zu zweit mit einem Transparent zuerst einmal den Verkehr und sperren so die Straße. Hinter uns laufen die anderen und legen sich schließlich hin. Sie ketten sich aneinander fest und warten. Wir sind Teil der Aktion »Faslane 365«. Schon seit Jahren regt sich in der Region Widerstand gegen die Atom-U-Boote. Nein, wir sind nicht hier, weil die Boote durch kleine Atomreaktoren angetrieben werden, sondern weil sie Atomwaffen an Bord haben. Ein Vernichtungspotenzial ungeheuren Ausmaßes, mobil unterwegs auf den Weltmeeren. In Faslane gibt es vier U-Boote, die mit sechzehn Interkontinentalraketen mit jeweils mehreren Sprengköpfen ausgestattet sind. Jeder dieser Sprengköpfe hat eine Zerstörungskraft von bis zu hundert Kilotonnen. Zum groben Vergleich, auch wenn die Zahlen unvorstellbar grausam sind: Die über Hiroshima gezündete Atombombe hatte eine Sprengkraft von 12,5 Kilotonnen und kostete – die Spätfolgen einberechnet – ungefähr 240 000 Menschen das Leben.

Die Aktion »Faslane 365« hat nicht das Ziel, eine einzige große Aktion auf die Beine zu stellen, sondern will über einen Zeitraum von einem ganzen Jahr verdeutlichen, dass viele Menschen Atomwaffen ablehnen und bereit sind, sich dafür einzusetzen. Das Konzept klappt: Durchschnittlich jeden zweiten bis dritten Tag blockieren unterschiedlichste Gruppen von Menschen die Tore oder Zufahrtsstraßen der Basis. Mal als »Clowns Army«, mal mit roter Farbe, mal die Hippies aus der Umgebung und mal die Seniorengruppe. Und einmal eben auch wir: Ein Bus mit aus Deutschland angereisten Aktiven. Die Polizei ist weder überrascht noch besonders unfreundlich, als sie am Aktionsort eintrifft. Mit einer gewissen Ruhe und Gelassenheit – schließlich gehören diese Blockaden für sie zu ihrem Arbeitsalltag – machen sie sich daran, die Metallrohre aufzuflexen und die Blockierenden von der Straße zu tragen. Wir werden nach mehreren Stunden Räumung in Polizeiautos verfrachtet und dann durch die Gegend gefahren. Schließlich landen wir zu dritt in einer kleinen Zelle einer Polizeiwache. Konzipiert ist diese Zelle wohl für eine Person, aber zu dritt ist es wenigstens nicht so langweilig. Wir bekommen Illustrierte hereingereicht und stellen fest, dass Frauenzeitschriften in Schottland ebenso inhaltsleer sind wie in Deutschland. Aber immerhin lassen sich aus den bunten Seiten und den ausgefüllten Sudokus Kraniche falten. Origamikraniche. Seit ein Mädchen aufgrund radioaktiver Verstrahlung krank wurde und anfing, zum Zeitvertreib diese Kraniche zu falten, sind sie eines der Symbole des Widerstands gegen Atomwaffen geworden. Und so nutze ich die Zeit und lerne, Vögel zu falten. Aus dem Aufkleber mit Verhaltensregeln (die natürlich als »Rechte der Gefangenen« deklariert sind) lassen sich kleinere Aufkleber reißen und so verschönern wir unsere Zelle an allen möglichen und unmöglichen Orten mit Kranichen. Das Essen schmeckt zwar nicht, aber immerhin ist es vegan. Das trübe Licht, das durch das kleine gräuliche Dachfenster hereinfällt, lässt kaum Rückschlüsse zu auf die Tages- oder Nachtzeit. Länger als vierundzwanzig Stunden dürfen wir nicht festgehalten werden, das wissen wir. Nach ungefähr einem Tag bekommen wir die Mitteilung, wir würden nun rausgelassen, aber die Entlassungspapiere des zuständigen Beamten seien noch unterwegs und würden im Stau stecken und deswegen würde es noch etwas dauern. Wir vertreiben uns die nächsten Stunden damit, Musik zu machen mit Gummimatratzen auf Kloschüsseln – Not macht erfinderisch. Aus den höchstens vierundzwanzig wurden dann dreißig Stunden. Dementsprechend ausgelaugt, aber mit unserer Aktion zufrieden verlassen wir die Wache alle mit je einem Zettel in der Hand, auf dem uns mitgeteilt wird, dass wir einen »breach of the peace« begangen hätten, dass das aber aus Kulanz nicht verfolgt würde, wir sollten uns nur ja nicht noch mal dazu entschließen, denn beim nächsten Mal würde ein Verfahren eingeleitet. Wir sollten also »den Frieden gebrochen« haben. Ein skurriler Vorwurf, wenn ich bedenke, dass wir diejenigen sind, die hier gegen Atomwaffen protestieren. Wir nehmen uns zur Unterkunft zurück ein Taxi, und der Fahrer quetscht uns aus: Warum wir da seien, wie es uns ergangen sei und dass wir nicht glauben sollten, alle Schotten seien wie die Militärs. Er zum Beispiel finde unsere Aktion super und würde uns aus vollem Herzen unterstützen. Deswegen würde er auch darauf bestehen, uns kostenfrei zu fahren – das sei nun wirklich das Mindeste.

## Die Bundeswehr

In den Augen der meisten Menschen ist die Bundeswehr eine sinnvolle, wichtige Institution. Nicht so in meinen. Ich fordere die sofortige Abschaffung. Warum? Ich will versuchen, das zu verdeutlichen.

Als der Irakkrieg im Gange war, gab es große Demonstrationen in vielen Städten. Mit der Parole »Kein Blut für

Öl« gingen Menschen auf die Straße und forderten ein Ende der militärischen Intervention. Die Presse machte diesen Menschen teilweise den Vorwurf, es ginge in dem Konflikt nicht lediglich um Öl, diese Kritik sei verkürzt. Was damit aber anerkannt wurde, ist: Es ging in jedem Fall *auch* um Öl und eben nicht um »Freiheit« oder »Demokratie«. Es gab Hintergrundartikel mit Kartenmaterial zu den Ölvorkommen und den Pipelines, Hochrechnungen zu Reserven, Verfügbarkeit und Ölpreis. Es wurde diskutiert, ob es legitim sei, Krieg um Öl zu führen. Schon deutlich seltener wurde die Grundsatzfrage gestellt, ob Krieg um die Zugänglichkeit von Rohstoffen, die den westlichen Reichtum erst ermöglichen, legitim sei. Und leider noch seltener kam die Frage auf, ob Kriege überhaupt unter irgendwelchen Bedingungen und für irgendwelche Ziele vertretbar seien. Was ich persönlich darüber hinaus vermisse, ist, sich neben all diesen Fragen auch noch diejenige zu stellen, welche Bedingungen einen Krieg überhaupt möglich machen.

In einem Artikel von Hauke Thoroe heißt es dazu:

»›Wir alle müssen den Gürtel enger schnallen‹, ›Es muss ein Ruck gehen durch unser Land‹, ›Du bist Deutschland‹, ›Wir sind Papst‹, so schallt es einem ständig aus Zeitungen, Radio und Fernsehen entgegen. Die Intention dieser Botschaften ist immer dieselbe: Wir sind alle eins, wir gehören alle zusammen! Und meistens kommt im Nachsatz dann dieses: Wir alle sind bedroht; oder: Es droht für uns alle ganz schlimm zu werden. Und deshalb müssen wir unsere individuellen Bedürfnisse hinter dem großen gemeinsamen Ganzen zurückstellen und zum Beispiel auch für 1,50 Euro arbeiten oder in einen Krieg gehen. Denn nur wenn Wir jetzt bereit seien, einige Opfer auf uns zu nehmen, werde es uns weiterhin (halbwegs) gut gehen. Und alle, die das nicht einsehen wollen, sind angeblich wahlweise Scheinasylanten, Vaterlandsverräter oder Sozialschmarotzer, denn es gibt angeblich keine Alternative zu der vorgeschlagenen Maßnahme.«

Was soll ich dem noch hinzufügen? Wir sind Deutschland? Wir sind Papst? So ein verdammter Blödsinn, ich bin ich und nicht Deutschland. Und ich will es auch nicht sein. Und nur weil das für irgendwen ein Vorteil ist, möchte ich mich nicht als erzwungenes Kollektiv fühlen. Was diese Wir-Rhetorik mit Kriegen zu tun hat, ist noch nicht klar? Dann weiter:

»Die Systematik dieser Rhetorik ist immer gleich, egal ob es sich um Kürzungen im sozialen Bereich, mehr Steuern, oder eben um einen Krieg handelt. Stets konstruiert der Sprechende ein gemeinsames ›Wir‹, zu dem angeblich alle gehören würden (der Fußballverein, die jeweilige Familie, die Politgruppe oder eben die Nation). Dabei definiert allein der Sprecher, wer dazugehört, und wer nicht. Und niemand wird gefragt, ob er/sie überhaupt damit einverstanden ist. Und dann verpackt der Sprechende seine eigenen Individualinteressen als angebliches Gemeinschaftsinteresse der vorher konstruierten Gemeinschaft.«

Wie oft mich das schon genervt hat: Ich gehe auf Kongresse und am Ende soll eine Abschlusserklärung an die Presse gegeben werden, was alle Teilnehmer_innen nun als kollektives Resultat aus ihren zweitägigen Diskussionen fordern. Konkret sieht das dann so aus, dass ein Drittel der Menschen schon abgefahren ist und ein weiteres Drittel sich von Anfang an raushält, weil die Menschen keine Lust auf den Vorgang haben, der nun folgt. Ein paar Leute aus dem Organisationsteam des Kongresses verlesen dann eine bereits vorformulierte Erklärung im Namen der Teilnehmer_innen und es können Bedenken geäußert und Veränderungen diskutiert werden. Das ist nervig und zäh und das Resultat sind in den meisten Fällen Formulierungsdebatten, die dann zu Grundsatzdebatten werden. Meistens ziehe ich mich an einem dieser Punkte dann raus. Wenn ich nun sage, die Abschlusserklärung sei sicherlich nicht in meinem

Namen, wird mir vorgehalten, es sei aber nun einmal wichtig, eine solche Mitteilung zu veröffentlichen und ich könne ja bleiben. Und dann kommt eine halbe Stunde später die Presse, die Diskussion ist noch längst nicht zu Ende und ein vorher ohnehin schon festgelegter Sprecher verkündet die nicht einmal in kleiner Runde zu Ende diskutierten Thesen als gemeinsame Forderungen des ganzen Kongresses.

Thoroe weiter: »Und für denn Fall, dass doch jemand diesen rhetorischen Trick durchschaut, wird mit Diffamierungen ein kleines bisschen Angst geschürt und nebenbei ein ›Draußen‹ definiert, vor dem die vorgeschlagene Maßnahme schützen solle. Konkrete Vorschläge, um die realen Gründe für Missstände zu beheben, sind selten und kommen meist auch schlecht an, weil oft etwas hintergründiger als die sogenannte Politik der harten Hand.« Christoph Spehr formuliert das ganz ähnlich: »Draußen gab es Feinde, gegen die man Zusammenhalt fordern konnte – kritische Stimmen galten dann als Saboteure.«

Um bei meinem Kongressbeispiel zu bleiben: Wer vorschlägt, es könne vielleicht auch der Presse gegenüber erklärt werden, dass es nicht »die eine Meinung« »des Kongresses« zu den diskutierten Fragen gebe, wird dafür kritisiert, denn schließlich müsse Mensch sich ja auf die Regeln der Presselandschaft einlassen, sonst würden »wir« ja schließlich gar kein Gehör finden. Die Zeiten seien eben leider so, dagegen sei nichts zu machen.

»Leider ist dieses Prinzip weithin akzeptiert. Fast nirgends finden sich Menschen ohne ein Label, einen Familiennamen etc. zusammen, und orientieren sich nur an dem Bedürfnis, das sie zusammenführte. Fast überall wird das angebliche ›Wohl‹ (also meistens Dominanzgedanken der jeweiligen Eliten) der Gruppe höher gestellt, als die Befriedigung des konkreten Bedürfnisses, um das es eigentlich einmal ging.

Mit der Legitimierung von Kriegen verhält es sich ähnlich. Wenn kein Soldat einen Sinn darin sähe, sich totschießen zu lassen, wenn kein Steuerzahler Sinn darin sähe, statt Krankenhäuser Panzer zu kaufen, wenn Eltern keinen Grund sähen, statt Kinderpflege Gräberpflege zu betreiben, dann wäre Krieg politisch nicht durchsetzbar. Ist er aber leider, denn noch glauben viele den Quatsch vom ›Wohle der Allgemeinheit‹.«

Ich merke immer wieder, wie wenig klar den Menschen ist, was die Bundeswehr so macht. Der Wehretat von 2009 beträgt einunddreißig Milliarden Euro und das stört eigentlich keine_n. Wahnsinnige Größenordnungen werden in die Produktion von zum Beispiel Kriegsschiffen gesteckt – allein ein Schiff wie die Fregatte »Sachsen« bringt es auf einen Preis von siebenhundert Millionen Euro. Alle glauben das Gerede von einer Bundeswehr, die Zivilist_innen dabei hilft, Brunnen zu bauen. Und wieder zitiere ich Christoph Spehr, denn er bringt es auf den Punkt: »Krieg wird wieder normal; nur werden die Flugzeugträger und Bomberstaffeln jetzt auf Namen wie ›Frieden‹, ›Ökologie‹ und ›Menschenrechte‹ getauft.« Deutschland ist nach den USA und Russland drittgrößtes Exportland, was Rüstungsexporte angeht – Gesamtausfuhrtendenz steigend. Nicht Brunnenbauteile oder Frischwasseraufbereitungsanlagen! Rüstung bedeutet Waffen, bedeutet Munition, bedeutet Kriegsgerät ... Rüstungsexporte zu stoppen und die Rüstungsfabriken zu schließen würde also schon einer ganzen Reihe von bewaffneten Konflikten weniger Material zukommen lassen. Das würde natürlich nicht zwangsläufig zu einer Befriedung führen, aber von Hand oder mit einer Schrotflinte lassen sich zumindest weniger Menschen umbringen – die Zulieferung zu stoppen würde also mit relativ hoher Wahrscheinlichkeit zumindest zu einer Abnahme der Intensität der Auseinandersetzungen führen.

»Ich will in keiner Weise behaupten, dass pure Individualisierung und Rücksichtslosigkeit im Umgang miteinander irgendwie friedensfördernd seien. Doch ein zum Selbstzweck verkommenes ›Wohl der Allgemeinheit‹ tut dies auch nicht. Im Gegenteil: Solange einige wenige Menschen mehr Möglichkeiten haben, ihre Interessen (notfalls auch mit Gewalt durchzusetzen), dann werden sie es auch tun. Wenn Mensch heute keine Befehle ausführen will, dann gibt es Arrest. Wenn Mensch heutzutage keine Kriegssteuern zahlen will, dann gibt es Strafprozesse. Dies ist für die Herrschenden sehr praktisch, denn durch die ihnen zur Verfügung stehenden Machtmittel können sie die Folgen ihres Handelns anderen aufdrücken. Mensch stelle sich nur einmal Joschka Fischer und Gerhard Schröder beim Bewachen einer SFOR-Kaserne in Bosnien vor, oder Josef Ackermann mit zwei Kindern, einer kleinen Wohnung und 345 Euro Hartz IV im Monat, nachdem die Deutsche Bank ihn rausgeschmissen hat. Ähnlich verhält es sich mit Krieg: Niemand würde einen Krieg anfangen, wenn er die Folgen davon tragen müsste. Noch sind die Rahmenbedingungen von Gesellschaft leider so, dass es sich aus egoistischer Sicht auszahlt, sich mit dem Ellenbogen (im Extremfall Krieg) durchs Leben zu boxen. Um dies zu ändern, müssen die Rahmenbedingungen so beschaffen sein, dass es sich aus egoistischer Sicht am meisten auszahlt, solidarisch und kooperativ zu handeln.«

Tatsächlich ist es kaum vorstellbar, dass die Politiker_innen, die 1999 den ersten deutschen Angriffskrieg seit 1945 durchsetzten, selbst nach Serbien gefahren wären. Wo doch angeblich alles geschah, weil der arme Joschka Fischer die furchtbare Unterdrückung der Menschen in Serbien nicht länger ertragen konnte. Und seltsamerweise glaubten ihm viele Menschen genau das, obwohl sie ihm so eine offensichtlich vorgeschobene Aussage innenpolitisch niemals abkaufen würden.

»Somit kann nur dann dauerhaft Frieden sein, wenn alle Menschen gleichberechtigten und bedingungslosen Zugang zu allen gesellschaftlichen Ressourcen bekommen, und gleichzeitig die Gesellschaft ihren Straf- und Zwangscharakter verliert. Konkret heißt das: Nur wenn alle Verteilungsfragen gleichberechtigt ohne Zwang zur Einigung gelöst werden, gibt es kaum noch Grund, anderen Gewalt anzutun. Somit müssten dann zum einen Güterproduktion und Güterverteilung gleichberechtigt und horizontal organisierbar sein, und zum zweiten sämtliche Zwangsgemeinschaften wir Nation, Staat, Familie etc. freiwillig lösbar sein. Vereinbarungen und Kooperationen sollten nur noch freiwillig, das heißt ohne Zwang zustande kommen.« (Alle längeren Zitate aus einem Artikel von Hauke Thoroe, zu finden unter www.militarismus-jetzt-stoppen.de.vu)

Das hier gezeichnete Bild wirkt utopisch und stellt zweifelsohne gleich eine ganze Menge infrage. Vieles wäre anders, aber in meinen Augen erstrebenswert. Weil mir aber bei diesen Maximalforderungen wenige Menschen spontan zustimmen, halte ich es für sinnvoll, auch Sofortmaßnahmen zu fordern, die systemimmanent gedacht umsetzbar sind. Neben dem erwähnten Stopp von Rüstungsproduktion und -export sind das zwei weitere zentrale Punkte:

## Umverteilung von Reichtum

Einer der Hauptgründe für Kriege ist Armut. Das klingt fatal, bedeutet im Umkehrschluss aber, dass die Beseitigung der Armut auch vielen kriegerischen Auseinandersetzungen den Nährboden entziehen würde. Armut ist kein Produktions-, sondern ein Verteilungsproblem. Es kann daher nicht technisch, sondern nur politisch-praktisch gelöst werden, und eben das müsste gewollt sein. Die momentanen Konzepte der »Entwicklungshilfe« versagen fast komplett – nicht zuletzt, weil die Grundannahme schon die ist, die nichtwestlichen Länder seien »unterentwickelt« und müssten sich mit Hilfen aus dem »reichen Westen« den dortigen Werten und Verhaltensweisen anpassen. Es geht also gar nicht um Hilfe, sondern um das Aufzwingen des eigenen Konzeptes – eine durch und durch eurozentrische Weltsicht tritt hier zutage und kann in der Sache nicht konstruktiv wirken.

## Abschaffung der Bundeswehr

Abrüstung wird immer mit dem Argument abgelehnt, die »anderen« seien ja die »Schlimmeren« und »die« sollten mit dem Abrüsten anfangen. Da das aber aus jeder Perspektive gilt, wird nichts zustande kommen. Wenn Abrüstung gewollt ist, dann kann die Parole nur heißen: »Weltweit abrüsten – bei uns anfangen.« Immerhin ist Deutschland nur von Verbündeten umgeben, die Möglichkeit wäre jetzt also günstig. Bevor nun Menschen sagen: »Das geht doch nicht«, nur noch am Rande der Verweis darauf, dass es mit Island und Puerto Rico durchaus Länder gibt, die ohne eine Armee auskommen.

Insgesamt betrachtet, ist Anti-Militarismus ein hartes Thema, ich weiß. Es geht dabei ganz offensichtlich nicht um irgendwelche niedlichen Molche, die noch nie irgendwer wirklich gesehen hat und die in einem Buch über bedrohte Tierarten stehen, das ohnehin kein Mensch gelesen hat. Ginge es darum, würden mir viele Menschen zustimmen, dass es ach so wichtig ist, diese Molche zu retten. Was ich damit sagen will: Es gibt Themen, bei denen es leicht ist, Menschen für die eigenen Forderungen zu gewinnen. Themen, bei denen die meisten Leute intuitiv hinter mir stehen, wenn ich sie anschneide. Nicht so dieses.

Ich glaube, das liegt daran, dass dieses Thema mit Menschen in unserem Umfeld zu tun hat. Irgendwie kennt jede_r wen, der oder die bei der Bundeswehr war oder ist. Die Bundeswehr ist für viele Leute nicht weit weg, sondern sehr nah an ihrem persönlichen Leben dran. Wenn daran dann Kritik geäußert wird, sehen viele darin sich selbst, ihren Sohn, den

Nachbarn oder die Schulfreundin. Mit dieser persönlichen Betroffenheit umzugehen, ist oft schwer, weil die Leute sich persönlich angegriffen fühlen und die ihnen wichtigen Menschen bei der Bundeswehr in Schutz nehmen wollen. Sie argumentieren dann nicht mehr inhaltlich, sondern erzählen mir, dass der »Junge von nebenan ein ganz Netter ist und auch immer mal im Haushalt hilft«. Dass ich das gern glaube, aber der Meinung bin, dass es nichts zur Sache tut, ist schwer vermittelbar. Andererseits bedeutet die persönliche Betroffenheit bei diesem Thema auch, dass viele die Relevanz dieser Diskussion für ihren jeweiligen Alltag sofort begreifen – es wird etwas kritisiert, was nicht gefühlt weit weg, in irgendeinem Tümpel oder auf irgendeiner roten Liste passiert, sondern real sehr nah an den Menschen dran ist.

Wie stellen sich die meisten Menschen die Aufgaben der Bundeswehr eigentlich vor? Von Krieg ist da ja selten die Rede. Was also machen die Soldat_innen den ganzen Tag, wenn sie andernorts sind? Sie benutzen ihre Maschinengewehre, um damit hungernde Kinder zu füttern? Sie versuchen sich daran, mit Panzern Brunnen zu bauen? Sie bauen Brücken und sichern ständig Hochwasserdämme? Ich befürchte, ganz schön viele Menschen haben genau dieses Bild von der Bundeswehr.

Und die Befehlshabenden in der Politik sind alle Gutmenschen, die es nicht mehr länger ertragen, andere Menschen hungern zu sehen? Die gleichen Politiker_innen, die innenpolitisch das Kürzen von Sozialleistungen als Notwendigkeit eines »Gürtel-enger-Schnallens« verteidigen, um gleichzeitig die Banken mit Milliarden zu retten? Die Menschen, die von Klimaschutz reden und zwanzig neue Kohlekraftwerke bauen bzw. deren Bau absegnen wollen? Es sei jeder Person selbst überlassen, das zu glauben – ich für meinen Teil glaube es nicht.

In modernen Staaten gehört es nicht mehr zum Programm, »klassisch«, also mit Armee und Frontlinie und dem Einnehmen ganzer Länder, Krieg zu führen. Dieses Mittel kommt nur im äußersten Notfall zum Einsatz. Viel sauberer, effektiver und auch weniger aufwendig und weniger aufmerksamkeitserregend ist es schließlich, sich lediglich zu kaufen und zu sichern, worum es eigentlich dabei geht: Rohstoffe und Arbeitskraft. Dafür wurden internationale Institutionen geschaffen wie Weltbank und Internationaler Währungsfonds, die im Zweifelsfall die Wirtschaft der jeweiligen Länder durch vermeintliche »Hilfsleistungen« zerstören, damit weiterhin Zugang zu den Märkten besteht und die jeweiligen Länder importabhängig werden. Wer nun aufschreit, die Bundeswehr sei doch eben dazu gerade nicht da, dem empfehle ich einen Blick in die verteidigungspolitischen Leitlinien. Hier zunächst die noch etwas deutlicher formulierte Version von 1992:

»*Aufrechterhaltung* des freien Welthandels und *des ungehinderten Zugangs zu Märkten und Rohstoffen in aller Welt* im Rahmen einer gerechten Weltwirtschaftsordnung.«

»Einflussnahme auf die internationalen Institutionen und Prozesse im Sinne unserer Interessen und gegründet auf unsere Wirtschaftskraft, unseren militärischen Beitrag und vor allem unsere Glaubwürdigkeit als stabile, handlungsfähige Demokratie.«

2006 liest sich der gleiche Inhalt etwas verklausulierter, aber noch immer erstaunlich ehrlich:

»*Die Sicherheitspolitik Deutschlands wird von* den Werten des Grundgesetzes und *dem Ziel geleitet*, die Interessen unseres Landes zu wahren, insbesondere: Recht und Freiheit, Demokratie, Sicherheit und Wohlfahrt für die Bürgerinnen und Bürger unseres Landes zu bewahren und sie vor Gefährdungen zu schützen, die Souveränität und die Unversehrtheit des deutschen Staatsgebietes zu sichern, regionalen Krisen und Konflikten, die Deutschlands Sicherheit beeinträchtigen können, wenn möglich vorzubeugen und zur Krisenbewältigung beizutragen, globalen Herausforderungen, vor allem der Bedrohung durch den internationalen Terrorismus und der Weiterverbreitung von Massenvernichtungswaffen, zu begegnen, zur Achtung der Menschenrechte und Stärkung der internationalen Ordnung auf der Grundlage des Völkerrechts beizutragen, *den freien und ungehinderten Welthandel als Grundlage unseres Wohlstands zu fördern* und dabei die Kluft zwischen armen und reichen Weltregionen überwinden zu helfen.«

Es ist Februar 2008. Mitten in der Nacht, irgendwo in Nordfriesland. Die Bundeswehr will Krieg üben. Denn nur, wenn sie vorher Krieg übt, darf sie ihn danach auch führen – ist ja logisch. Deswegen sollen für ein Übungsmanöver Truppen mitsamt Fahrzeugen und Ausrüstung für eine Woche lang verlegt werden – aus Nordfriesland an die polnische Grenze. Dort soll dann eine Woche lang Krieg gespielt werden, damit diese Einheit im Anschluss als Teil der NATO Response Force eingesetzt werden darf. Die NATO Response Force soll als schnelle Eingreiftruppe in der Lage sein, bis zu dreißig Tage komplett unabhängig in jedem Winkel der Welt agieren zu können. Für meinen Eindruck eine Aufgabe, die in keiner Weise als Brückenbau getarnt werden kann und Teil eines strategischen Kriegskonzeptes zur Absicherung der eigenen vor allem wirtschaftlichen und machtpolitischen Interessen ist. Zumal es hier konkret um Raketen geht. Nicht um Bohrmaschinen.

Und weil ich nicht an den Hindukusch fahren will und werde, um dort gegen die Bundeswehr zu protestieren, suche ich mir meine Aktionsziele an der »Heimatfront«. Ich halte es für ungeheuer wichtig, den Imagekampagnen der Bundeswehr etwas entgegenzusetzen und hier zu enttarnen, was Ziel dieser Institution ist.

Zurück zu jener Nacht im Februar ... Ich liege auf den Bahnschienen, meine Hände in einem Metallrohr um die Schienen. Die Bahnstrecke ist gesperrt und der Zug mit

Kriegsmaterial kann nicht weiterfahren und muss seine Fahrt nur wenige Kilometer nach dem Start noch auf dem Stichgleis, das aus dem Militärdepot herausführt, unterbrechen. Presse ist vor Ort und Feuerwehr, Technisches Hilfswerk, Notarzt, Polizei, Feldjäger und sonstige Bundeswehrangehörige. Sie alle sind perplex und wissen nicht, wie sie mich von den Schienen lösen sollen. Warum ich mir gerade diesen Ort ausgesucht hätte, um Aktionen zu machen. Hier im nordfriesischen Nirgendwo bei Oster-Ohrstedt hätten sie nun wirklich nicht mit einer solchen Aktion gerechnet. Nach Stunden ist eine Lösung gefunden und die Schiene wird durchgeflext, angehoben und ich mitsamt dem Rohr an meinen Händen rausgefädelt. Mit mehreren Stunden Verspätung fährt der Kriegszug los – die logistischen Probleme aufgrund dieser Aktion sind so groß, dass der Transport in der nächsten Nacht ausfällt. Ich verbringe an diesem Tag noch mehrere Stunden auf der Polizeiwache, bis nach langem Hin und Her das Rohr von meinen Armen entfernt ist. Und ein Lob von der Feuerwehr wird mir dafür ausgesprochen. Wenn auch im gleichen Atemzug sofort behauptet wird, das hätte ich bestimmt nicht selbst hergestellt, was ich wiederum unkommentiert lasse. Ob ich es denn nicht freiwillig abmachen wolle, hatte mich die Polizei immer wieder gefragt. Ich habe geantwortet, ich würde mich darum selbst kümmern, wenn sie mich gehen ließen. Nein, das ginge nicht, allein sei ich ja total hilflos. Als sei ich freiwillig da, damit die mir helfen, so eine dreiste Lüge. Und dann rückten sie mit der Wahrheit raus: Es gab eine Staatsanwältin, die unbedingt das Rohr haben wollte. So viel zum Thema, es ginge um mich. Ich habe dann jedenfalls betont, dass sie sich das Rohr schon selbst holen müssten, wenn sie es haben wollten. Und auf die Erwiderung, meine Aktion sei doch nun erfolgreich gewesen und ich könne das Ganze beenden, habe ich gesagt, dass ich dann jetzt ja gehen könnte. Das hat die ganz schön genervt – aber mir hat es Spaß gemacht …

Meine Aktion, um den Bundeswehrzug zu stoppen, Februar 2008.

Später werde ich von der Regionalpresse gefragt, warum ich denn nicht demonstriere oder Flugblätter verteile. Ich antworte, dass es Dinge gibt, die ich so menschenverachtend finde, dass ich mich ihnen in den Weg stellen möchte. Ich möchte Abläufe stören und Sand im Getriebe dieser Kriegsmaschinerie sein, der es egal ist, ob ich Flugblätter verteile, der es aber nicht gleichgültig ist, wenn der Transport des eigenen Materials nicht mehr funktioniert. Wobei – und das ist mir sehr wichtig – ich deswegen nicht darauf verzichte, auch Flugblätter zu verteilen. Im Gegenteil, ich halte es sogar für ausgesprochen wichtig, all dies zusammen zu denken. So bin ich denn auch am nächsten Tag in der Innenstadt von Husum unterwegs gewesen und habe mit Passant_innen diskutiert – eine spannende Erfahrung, denn es gibt im Grunde dort nur eine Zeitung und die hatte groß über die Aktion berichtet, sodass mich alle Leute kannten. Die Reaktionen waren bunt gemischt – von Hass und Beschimpfungen über besorgte Nachfragen, ob es mir nach den Stunden am Gleis denn gut ginge, bis hin zu Bewunderung. Jedenfalls war es prima möglich, nun über das Thema Militarismus zu diskutieren. Und erstaunlich viele Leute haben mich dann immer wieder nach dem Hochwasserschutz gefragt. Ob Menschen schießen und Panzer fahren können müssen, um Sandsäcke zu schleppen, habe ich dann zurückgefragt – hoffentlich regt es den einen oder die andere zum Nachdenken an.

Mittags bekomme ich dann einen Anruf von der Zeitung: Die Polizei hätte behauptet, ich würde den Rest meines Lebens Schulden haben und ich würde unfassbar hohe Kosten tragen müssen und diese Straftat würde dreißig Jahre lang nicht verjähren. Ob ich mir das vorher klargemacht hätte. Ich erzähle ihnen, dass mir klar ist, welch hohes persönliches Risiko ich damit eingegangen bin, und dass ich mir bewusst bin, welches juristische Nachspiel eine solche Aktion haben kann. Ich erwähne aber auch, dass die Polizei gern mal laut herumtönt und dass schon mehrere Verfahren gegen mich eingeleitet worden seien, aber entweder eingestellt wurden oder mit Freisprüchen endeten. Und dass es Menschen gibt, die meine Aktionen gut finden und mich solidarisch unterstützen werden. Am nächsten Tag schreibt die Zeitung »Ich habe keine Angst vor den Kosten« als Überschrift über das Interview mit mir. Das wiederum ist eine Steilvorlage für jede Menge Leserbriefe, worin sich die Leute darüber austauschen, ob es denn nun vertretbar sei, solche Aktionen zu machen, und ob es nicht doch eine Frechheit sei, dass ich bisher noch nie verurteilt worden wäre. Ich freue mich auch über die Leserbriefe, die mich beschimpfen. Es geht mir nicht darum, dass mich die Leute mögen – ich möchte, dass sie sich ihre eigene Meinung bilden und da ist es gut, wenn diskutiert wird.

Als ich gerade dachte, das Medieninteresse sei vorbei, rief mich Herr Lütje von der Liebe-Lütje-Stiftung an: Er hätte von meiner Aktion in der Zeitung gelesen und er sei sehr beeindruckt und seine Stiftung wolle mir einen Preis verleihen. Dieser Stiftungspreis sei mit eintausend Euro dotiert. Ich staunte nicht schlecht und konnte es zunächst nicht glauben. Die Scheckübergabe fand denn auch feierlich in den Räumlichkeiten der Zeitung in Bad Oldesloe statt, und wieder gab es einen großen Artikel. Darin ging es nicht nur um die Preisverleihung, sondern um die Frage, ob es in Ordnung sei, »dieser jungen Frau« einen Preis zu verleihen. Und wieder konnte ich mich freuen, denn je kontroverser ein Thema, desto mehr wird darüber gestritten. Dennoch empfand ich es als dreist vom Zeitungsverlag, so zu tun, als gäbe es eine Auseinandersetzung darüber, mir diesen Preis zu verleihen. Außerdem störte es mich, dass so getan wurde, als sei ich eine Schwerkriminelle. Die Einzigen, die einen Konflikt erkennen wollten, waren die Zeitungsleute selbst – mit professionellem Journalismus hatte das nun wirklich nichts zu tun. Wie dem auch sei, wir machten uns zu dritt auf den Weg zur Zeitungszentrale und forderten, jemand möge uns erklären, warum die Zeitung mich kriminalisieren würde und warum ständig unkritische Militärpropaganda in diesem Blatt abgedruckt sei. Wir benannten die Redaktion kurzerhand in »Militärpropagandaabteilung« um, und der Versuch, mit zuständigen Redakteuren zu reden, endete mit einem Rauswurf. Wir verteilten daraufhin Flugblätter in dem Einkaufszentrum, in dem auch die Zeitung ihren Sitz hatte. Es dauerte nicht allzu lange, bis wir mitsamt unserem Transparent und unseren Flugblättern auch hier rausgeworfen wurden, weil dort zwar Konsum erwünscht ist, aber Kritik natürlich nicht. Auch vor der Tür konnten wir nicht lange verteilen, denn als wir mit Kreide auf den Boden zu malen begannen, riefen die Security-Leute die Polizei, die mit der Situation komplett überfordert war. Überfordert vor allem deswegen, weil wir den angerückten Beamten erklärten, dass es keinen Paragrafen gäbe, der es verbieten würde, mit Kreide zu malen. Nachdem sie unter den staunenden Augen der umstehenden Passant_innen dann auch noch unsere Kreide beschlagnahmten, zogen wir mit den letzten verbliebenen Flyern vor den anderen Eingang des Einkaufszentrums und verteilten auch diese noch.

Auch dort in Bad Oldesloe erkannten mich viele Menschen, denn immerhin war die Berichterstattung in ganz Schleswig-Holstein erschienen. Abgesehen vom Promifaktor (»Ach, *du* bist die, von der ich gelesen habe!?«) war es ein sehr angenehmes Gefühl, zu merken, dass die Aktion Menschen angeregt hat, sich Gedanken zu machen. Es kamen Leute auf mich zu, um mit mir zu diskutieren – das erfolgreichste Feedback, das eine Aktion bekommen kann. Weil es mir damit schließlich genau darum geht: Ich möchte Menschen erreichen (und wenn ihr dieses Kapitel bis hierhin gelesen habt, hat es wieder einmal geklappt ...).

Die rechtlichen Folgen des Ganzen? Zum jetzigen Zeitpunkt, da ich diese Zeilen schreibe, steht das noch nicht fest. Was ich sagen kann, ist, dass ich einen Strafbefehl bekommen und dagegen Einspruch eingelegt habe. Die Vorwürfe sind Nötigung und Störung öffentlicher Betriebe, aber aus dem Schreiben (was ohne meinen Einspruch eine Verurteilung ohne Prozess bedeuten würde) geht noch nicht einmal hervor, wen ich nun eigentlich wozu genötigt haben soll ...

## Wer ist hier militant?

Post für meinen Mitbewohner. Ein Einschreiben der Bundespolizei. Sie verbietet ihm, auszureisen. Er darf nicht nach Strasbourg, um an den Protesten gegen den NATO-Gipfel teilzunehmen. Die Ausreise nach Frankreich, Luxemburg und in die Schweiz wird ihm für die Dauer des Gipfels untersagt. Da steht, dass aufgrund der Gesamtumstände Tatsachen vorlägen, die die Annahme rechtfertigen würden, dass mein Mitbewohner sich aktiv an gewalttätigen Ausschreitungen beteiligen wolle. »Die von ihnen geplanten gewalttätigen Handlungen in Frankreich sind geeignet, dem internationalen Ansehen der Bundesrepublik Deutschland in der Staatengemeinschaft erheblich zu schaden.« Da behaupten die doch tatsächlich, zu wissen, was mein Mitbewohner plane. Sie schreiben das nicht einmal als Vermutung, nein, sie wissen, dass er gewalttätige Handlungen plant. Und weil nun einmal das erhebliche Interesse der BRD an der Verhinderung dieser Straftaten schwerer wiegt als der Ausreisewunsch, wird das Demonstrationsrecht hier eingeschränkt. Es wird sogar noch ganz ehrlich geschrieben, die internationale Presse würde schließlich über die Proteste berichten und deswegen läge ein besonderes öffentliches Interesse vor, die Ausreise zu unterbinden. Übersetzt: Eine internationale, mediale Wahrnehmung der Proteste gegen ein medial inszeniertes internationales Gipfeltreffen wird als Grund dafür herangezogen, diese Proteste zu verhindern. Der Sinn der Proteste ist es aber doch gerade, wahrgenommen zu werden. Also lässt sich zusammenfassen: Sobald Proteste Erfolge erzielen, versucht die Polizei, sie mit allen nur möglichen Mitteln zu unterbinden.

Das klingt unglaublich? Jetzt heißt es: »Der hat bestimmt schon ganz viele Straßenschlachten mitgemacht und Sachen angezündet und Menschen verletzt.« Leider glauben das die meisten Menschen. Ich kann es nicht grundsätzlich für alle Fälle entkräften, aber in diesem einen kann ich es sehr wohl: Als Rechtfertigung für das Ausreiseverbot wird einzig und allein eine Aktion gegen einen Atommülltransport herangezogen. Dabei hatte er sich an die Gleise gekettet, um so die tödliche Fracht zu stoppen und auf den Wahnsinn aufmerksam zu machen, weiter Müll zu produzieren, der in der Lage ist, noch in Hunderttausenden von Jahren Menschen zu töten. Behauptet wird nun, das beweise, dass er nicht davor zurückschrecke, das Leben anderer zu gefährden. Es gibt Momente, in denen mir nichts weiter einfällt, als mich zu fragen, auf welchem Planeten ich eigentlich lebe. Ist es nicht tausendmal mehr die NATO, der Menschenleben egal sind?

Verdammter Mist, was für ein Tag. Was für ein Staat. Vorhin noch bin ich gefragt worden, ob ich Angst hätte vor dem Verfassungsschutz, und ich habe das verneint. Natürlich rechne ich damit, überwacht zu werden (und dieses Buch werden vielleicht auch einige Menschen dienstlich lesen – viel Spaß dabei). Die Tatsache allein macht mir aber keine Angst. Sie lässt mich in der Planung mancher Aktivitäten vorsichtiger werden, aber der Verfassungsschutz ist nicht dazu da, Aktionen zu verhindern. Seit den Affären um VS-Leute in NPD-Spitzenfunktionen ist das auch vielen Menschen klar. Dem Verfassungsschutz geht es nicht darum, Aktionen zu verhindern, sondern darum, Strukturen zu durchleuchten und abzuschätzen, wie gefährlich sie für den Staat sind.

Aber das heißt nicht, dass ich ohne Angst durch mein politisches Leben laufen würde. An besagtem Tag erreichte mich also die Nachricht, dass ein Freund von mir bei den Protesten in Strasbourg verhaftet worden ist, weil er sich wohl im falschen Moment in der Nähe der Polizei aufgehalten hat, die gerade einen Schuldigen für die brennenden Barrikaden auf den Straßen suchte. Willkürlich jagte die Polizei Menschen, und die, die sie einfing, waren eben die Schuldigen. In einem Schnellverfahren wurde er zu einem halben Jahr Gefängnis ohne Bewährung verurteilt.

Wir sitzen zusammen und können nicht so recht fassen, was passiert ist. Ein Mensch wird eingesperrt, weil die Politik Schuldige braucht. Da wird er nun einfach so aus unserem Umfeld herausgerissen. Und wir versuchen, uns nicht lähmen zu lassen. Wir organisieren Anwälte, kümmern uns um ein Solidaritätskonto und bereiten eine Demo vor.

Ich erinnere mich an meinen Eindruck von solchen Demos noch vor wenigen Jahren. Wenn ich Flyer bekommen habe, in denen es um Solidarität mit willkürlich eingesperrten Menschen ging, hatte ich immer ein bisschen das Gefühl, irgendetwas müsse schon drangewesen sein an den Vorwürfen. Nicht, dass ich es gut gefunden hätte, die Menschen einzusperren, aber so richtig schockiert hat mich das lange Zeit nicht. Nun sind innerhalb von etwas über einem Jahr mehrere Leute aus meinem Freundeskreis willkürlich zu absurden Gefängnisstrafen verurteilt worden. Und jetzt erst begreife ich, was da passiert. Jetzt erst empfinde ich, was es bedeutet, wenn Menschen einfach fehlen. Wenn Menschen zwar da sind, aber eben durch eine Mauer und jede Menge NATO-Draht von uns getrennt. NATO-Draht gegen NATO-Gegner_innen. Es ist schmerzhaft, die Hilflosigkeit zu spüren. Zu merken, dass es lähmt. An unserer Wand hängt ein Plakat: »Es gibt nur eins, was größer ist als unsere Liebe zur Freiheit: der Hass auf diejenigen, die sie uns nehmen.« Wenn es mir gut geht, ist mir dieses Plakat zu aggressiv, aber jetzt in diesem Moment spricht es mir aus der Seele. Ich will schimpfen, ich will fluchen, ich will Verantwortliche beschimpfen. Aber in diesem System ist keine_r verantwortlich. Organisierte Unverantwortlichkeit bedeutet, dass alle immer an eine andere Instanz verweisen können, die das eigene Verhalten deckt. Die Polizei an die Justiz, die Justiz an die Politik, die Politik an die Gesetze und das Volk. Und wer auch immer das sein soll, »das Volk« – gefragt worden ist jedenfalls niemand außer einem Richter und einem Staatsanwalt, ob unser Freund eingesperrt werden soll oder nicht. Und das Leben der meisten Menschen geht weiter wie bisher – sie haben von dem ganzen Vorfall wahrscheinlich nicht einmal etwas mitbekommen.

Ich kann nicht viel sagen zur »Krise«. Jedenfalls nichts, was ich nicht auch schon vor Jahren gesagt hätte: Dass ein System, das auf Wachstum beruht, früher oder später zusammenbrechen wird. Dass es Widerstand geben wird und die Repression dagegen willkürlicher und massiver werden wird. Dass diesem System Menschen egal sind, weil es um Profitmaximierung und die Nutzbarmachung aller verbliebenen Ressourcen geht.

*Die Zeit* schrieb zu den messbaren Auswirkungen der Krise, insgesamt ginge die Produktion zurück, aber die von gepanzerten Wasserwerfern sei am Ansteigen. Das spricht doch wirklich für sich. Die Macher von *Spiegel Online* schaffen es auch, sich in Szene zu setzen: Sie produzieren Anfang 2009 ein Video, in dem sie vorhersagen: »Da braut sich was zusammen.« Sie zitieren Menschen, die an der Börse arbeiten, mit den Worten, wenn es so weitergehe, seien bald wieder Wasserwerfer auf Deutschlands Straßen unterwegs. Ich sehe das Video und frage mich, in welcher Welt diese Menschen leben. Was waren das wohl für seltsame Vehikel, die in den letzten Jahrzehnten die Menschen im Wendland von den Straßen geräumt haben? Und wie wurde gegen die Demonstrationen zum Erhalt von Wagenplätzen in Hamburg vorgegangen? Mit Samthandschuhen? Augen auf: Wasserwerfer sind nichts Neues, sondern seit Langem Alltagspraxis der Polizei. Eskalation bedeutet, dass Menschenleben in Protesten immer weniger zählen, dass Protest nur dann noch irgendwie kontrollierbar ist, wenn verstärkt mit Tränengas und Gummigeschossen gegen die Protestierenden vorgegangen wird, wenn die Gefängnisse mit willkürlich konstruierten »Schuldigen« gefüllt werden, damit die Menschen Angst davor bekommen, auf die Straße zu gehen. Es geht nun wirklich nicht um einen Wasserwerfer mehr auf den Straßen. Und *Spiegel Online* weiß das auch selbst, denn nur wenige Wochen später berichtet das Magazin über brennende Grenzposten und die Reporter stehen selbst in großen Tränengaswolken. Aber bevor hier der Eindruck entsteht, ich sei mir sicher, dass mehr Krise auch eine höhere Wahrscheinlichkeit für eine radikale Umwälzung der Verhältnisse bedeute, meine Klarstellung: Ich glaube, dass sich durch »die Krise« Zustände und Rahmenbedingungen verändern. Daraus ergeben sich sicherlich auch neue Potenziale für Bewegung. Aber ich sehe auch die Möglichkeit, dass der Kapitalismus vorerst gestärkt aus der Krise heraustritt. Und natürlich die Gefahr, dass die Vorgänge Nährboden schaffen für eine weitere Verbreitung rechten Gedankenguts. Aber vielleicht kommt auch alles ganz anders ...

## Die Gewaltfrage

Ich mag sie nicht, die leidige Gewaltfrage. Sie zieht sich durch viele Debatten und auch jetzt taucht sie wieder auf. Auf einer Mailingliste poste ich den Aufruf zu einer Solidaritätsdemo vor der französischen Botschaft. Es geht noch immer um die Schnell-Verurteilten, die nun in Strasbourg im Gefängnis sitzen. Leute erzählen, dass sie sich instrumentalisiert gefühlt hätten in Strasbourg und deshalb nun keine Lust haben, sich solidarisch mit Menschen zu zeigen, die aufgrund der dortigen Vorfälle im Knast sitzen. Weil sie offensichtlich doch das diffuse Gefühl haben, dass es die »Richtigen« getroffen habe, dass die nun im Knast Sitzenden eben doch keine »Gewaltfreien« seien. Dass die fraglichen Gebäude erst lange nachdem diese Menschen festgenommen wurden, brannten, findet keine Beachtung. Sarkozy sagt in den Medien, es würden nun die Schuldigen gesucht, und ich übersetze das für mich: Die Politik will Exempel statuieren und da ist das Individuum egal.

Ich mache mich einfach mal auf die Suche nach dem, was denn nun eigentlich »Gewaltfreiheit« ist. Ich beginne, in meinen Erinnerungen zu kramen, wann Menschen diesen Begriff verwendet haben und – vielversprechender und spannender für diese Frage – ab welchem Zeitpunkt sie fanden, dass etwas nicht gewaltfrei wäre.

Die erste Situation, die mir einfällt, ist ein Gerichtsprozess. Der Angeklagte macht zwar eine politische Eingangserklärung, aber kein Geständnis. Er zwingt mit seinem Verhalten die Staatsanwaltschaft dazu, ganz genau belegen zu müssen, dass er auf jenem Genfeld dabei war und Genmais kaputtgemacht hat. Die Prozessstrategie führt dazu, dass im weiteren Verlauf der Verhandlung über das Polizeiverhalten und die Aktion geredet werden muss. Nicht so bei den anderen Leuten, die mit der gleichen Anklage vor Gericht stehen. Sie erklären in einem politischen Eingangsstatement, warum sie den Mais kaputtgemacht haben und argumentieren danach mit rechtfertigendem Notstand. In meinen Augen ist die erste Prozessstrategie die taktisch klügere, aber sicherlich ist die Wahl des Vorgehens auch eine persönliche Frage, und verschiedene Taktiken sind in der Mischung ohnehin am effektivsten, weil unberechenbarsten. Der Punkt, auf den ich hinauswill: Dem ersten wurde nach dem Prozess von den anderen Beteiligten vorgeworfen, er habe sich nicht gewaltfrei verhalten, denn zu einer gewaltfreien Aktion würde es nun einmal dazugehören, sich danach vor Gericht offen zu seiner Aktion zu bekennen.

Im gleichen Zusammenhang fällt mir noch eine skurrile Situation ein: Mehrere Hundert Menschen sind unbeobachtet an ein Genmaisfeld herangeschlichen und haben in den frühen Morgenstunden damit begonnen, dort die Pflanzen herauszureißen. Die Polizei ist mit der Menschenmenge überfordert und nimmt nun nach und nach die Leute fest. Weitere Pflanzen lassen sich in nennenswertem Umfang nicht mehr unschädlich machen, und so macht sich eine kleine Gruppe von Menschen auf den Rückweg zum Camp – ohne Verhaftung. Dort angekommen, erzählen sie denen im Camp von der geglückten Aktion und werden beschimpft, das sei nun wirklich nicht gewaltfrei, denn es gehöre zum Aktionskonzept der Gewaltfreiheit, einen Gerichtsprozess zu provozieren, in dem dann noch einmal auf das Thema Gentechnik hingewiesen werden könne. Dass es ohnehin Dutzende von Prozessen geben würde, die sehr wahrscheinlich zusammengelegt werden würden, und dass es die juristische Nachbearbeitung sogar erleichtert, wenn weniger Menschen vor Gericht stehen und dafür mehr unterstützend das Ganze begleiten können, scheint nichts daran zu ändern, dass dieser seltsamen Definition nach alle Aktionen, die ohne Verhaftungen oder Verfahren bleiben, gewalttätig sind. Oder es muss etwas zwischen »gewalttätig« und »gewaltfrei« geben? Aber was könnte das sein?

Ich forsche weiter und stoße in meinem Kopf auf die Schublade mit den Vorurteilen und Meinungen derer, die sich explizit nicht als gewaltfrei verstehen wollen, die ungefähr so klingen:

»Die Gewaltfreien wollen so kuschelig und nett wirken. Weil es nach Gandhi und Sitzblockade klingt. Nach Kaffeeständen, an denen auch die ›arme, durchgefrorene Polizei sich mal aufwärmen kann‹. Nach ›Wir haben nichts gegen die Polizei, sondern nur gegen das, was sie schützen‹. Nach ›Ist ja auch nur deren Job‹. ›Wir machen gern langweilige Sitzblockaden. Es ist medial besser vermittelbar und wirkt weniger abschreckend.‹«

Das Zwischenergebnis meiner bisherigen Bemühungen: Zerstörte, herausgerissene Maispflanzen sind keine Gewalt, brennende, leer stehende Grenzposten aber – jedenfalls nach der Lesart der deutschen Gewaltfreien – durchaus. Der Begriff wird verwendet, um sich abzugrenzen von militantem

Widerstand. Assoziationen mit brennenden Autos und Straßenschlachten sollen vermieden werden.

Vom Begriff her bedeutet »gewaltfrei« zuerst einmal nur das Nichtvorhandensein von Gewalt.

Meine ich und meint auch *Wikipedia*, geht aber in der Definition schon darüber hinaus:

»Gewaltlosigkeit oder Gewaltfreiheit ist ein Prinzip, das Gewalt ablehnt und zu überwinden sucht und dabei gleichzeitig Alternativen zu den kritisierten Zuständen entwickelt.« Und auf der Seite zu Gewalt steht dann natürlich auch alles Mögliche über zum Beispiel Gewaltenteilung in der Staatstheorie etc., also Punkte, bei denen ich mir recht sicher bin, dass sie nicht gemeint sind, wenn Initiativen und NGO von Gewaltfreiheit reden.

Zu erwarten wäre gewesen, wenn jene, die sich als gewaltfrei definieren und denen dies auch ganz wichtig ist, sich Gedanken darüber gemacht hätten, was denn nun eigentlich »Gewalt« ist und das auch kommunizieren. Ich beginne, ein paar Internetseiten zu durchforsten, obwohl ich vorher schon befürchte, dort ebenfalls keine Antwort zu finden. Ich will mit diesem kritischen Blick aber explizit *nicht* die inhaltliche oder aktionistische Arbeit der Initiativen schlechtmachen, sondern lediglich das in meinen Augen bestehende Problem mit dem Begriff der Gewaltfreiheit aufzeigen.

Auf der Internetseite der »gewaltfreien Aktion Atomwaffen abschaffen«, gAAa, heißt es:

»Die Nürnberger Gesetze sowie das Gutachten des Internationalen Gerichtshofes (IGH) von 1996 erklären die Illegalität dieser Waffen und führten mit zu unserer Überzeugung, eine Verpflichtung zu gewaltfreien Widerstandsaktionsformen gegen diese Waffen zu haben.«

Abgesehen davon, dass ich keine Gutachten von irgendwelchen Gerichten brauche, um gegen Atomwaffen zu sein, und abgesehen auch von der Tatsache, dass ich Menschen nicht verpflichten will, widerständig zu sein, sondern sie bestenfalls dazu animieren möchte, finde ich doch erstaunlich, dass nirgendwo weiter erläutert wird, warum sich denn aus den genannten Gründen gerade *gewaltfreier* Widerstand ableiten lässt. Und erklärt wird dieser auch nicht weiter.

Ich gucke mich weiter um und finde auf der Seite von »X-tausendmal quer«, einer Initiative, die sich Castortransporten mit Massenaktionen zivilen Ungehorsams in den Weg setzt, Folgendes:

»Gewaltfreiheit wird häufig falsch verstanden als passives Stillhalten. Das Gegenteil ist der Fall: Gewaltfreiheit ist ein aktives Prinzip, das ermutigt und befähigt, dem Unrecht und der Gewalt gezielt entgegenzutreten und für Lösungen zu streiten, die für alle tragbar sind. Wichtige Elemente dabei sind die Gewaltfreie Aktion, der Zivile Ungehorsam und basisdemokratische Strukturen. Vielfach hat sich Gewaltfreiheit als effektives politisches Mittel erwiesen. Eine der möglichen Formen Gewaltfreier Aktion ist die Sitzblockade.«

Immerhin wird hier erklärt, was gewaltfreie Aktionen auszumachen scheint: Eine Aktion ist nur dann »echt« gewaltfrei, wenn sie basisdemokratisch ist. Was ja bedeuten würde, dass eine sich als anarchistisch und selbstorganisiert verstehende Gruppe, die das Konsensprinzip ablehnt, nach dieser Definition per se nicht in der Lage wäre, gewaltfrei zu agieren. Ist das also gemeint?

Immerhin ein wenig Erklärung liefert »Gendreck weg!«, eine Initiative, die offen angekündigte Feldbefreiungen veranstaltet und teilweise mit mehreren Hundert Menschen Genfelder plattmacht:

»Gewaltfreiheit ist ein Prinzip, das ermutigt und befähigt, dem Unrecht und der Gewalt, die von den Agro-Konzernen ausgeht, gezielt entgegenzutreten. Wie viele Menschen in der Tradition der gewaltfreien Aktion sehen wir uns moralisch im Recht und politisch in der Pflicht, Produkte der Zerstörungstechnologie Gentechnik symbolisch unschädlich zu machen.

Wir tun dies auf gewaltfreie Weise und stehen für unser Handeln ein. Bei unseren Aktionen wenden wir weder Gewalt gegen Menschen an, noch tragen wir Geräte mit. Wir wollen niemanden gefährden und zeigen, dass von uns keine Bedrohung ausgeht. Unsere Mittel sind einzig unsere Körper und der Geist der Ent- und Geschlossenheit.

Wir setzen uns ein für eine Gesellschaft, in der das Leben, die Gesundheit und die Würde aller Lebewesen mehr zählen als Macht und Profit. Für unsere eigenen Strukturen bedeutet das, das wir gleichberechtigt und offen miteinander umgehen wollen. Um viele Gedanken zu nutzen und alle Beteiligten einzubeziehen, treffen wir unsere Entscheidungen im Konsens und bilden Bezugsgruppen.«

So richtig klar wird auch hier nicht, worin nun eigentlich die Gewaltfreiheit besteht, denn dass keine Gegenstände und nur die eigenen Körper eingesetzt werden, wird ja extra hervorgehoben, das kann es also nicht sein. Und streng genommen stimmt es noch nicht einmal, denn es gab eine großartige Aktion von Aktiven der Initiative Gendreck weg!, bei der mithilfe von Hacken ein Feld von Genweizen befreit wurde. Sind es also die Entscheidungsformen? Könnte ich also Polizeistationen zerstören, solange ich das nur im Konsens beschlossen habe – dann wäre es gewaltfrei? Ich bin mir recht sicher, dass dem einige widersprechen würden, und suche weiter.

Auf der Internetseite des Netzwerkes »Zugabe« (Ziviler Ungehorsam, Gewaltfreie Aktion, Bewegung) finde ich:

»Es tut sich was in der gewaltfreien Bewegung! Sei es gegen Castor, Genmais, das Bombodrom oder den G8-Gipfel – Aktionen und Kampagnen Zivilen Ungehorsams haben in den letzten Jahren immer mehr Zulauf bekommen. Immer mehr Menschen sind ermutigt von der Kraft der begrenzten Regelverletzung und der Gewaltfreiheit.« »Ziel ist es, noch mehr Menschen für Gewaltfreie Aktion und Zivilen Ungehorsam als kraftvolle Mittel der Einmischung zu gewinnen.«

Zugegeben, die Homepage von Zugabe ist alt, nicht auf einem aktuellen Stand und wohl auch kaum genutzt, aber dass nicht einmal ein Netzwerk, in dem explizit die Gewaltfreiheit einer der gemeinsamen Punkte darstellen soll, erklärt, was sich dahinter verbirgt, ist doch merkwürdig. Oder eben auch nicht ...

Ich werfe noch einen weiteren Blick auf die Ziele des Netzwerkes Zugabe:

»Nach den erfolgreichen Protesten von Heiligendamm entstand auf Initiative von X-tausendmal quer die Idee, die einzelnen Kampagnen noch stärker zu vernetzen und sich gegenseitig zu unterstützen. Nach mehrmonatiger Planung ist ein Netzwerk herausgekommen: ZUGABe.«

Heißt das übersetzt: Entweder Initiativen bekennen sich zu Zugabe oder sie sind nicht wirklich gewaltfrei?

»Zudem wollen sich die einzelnen Kampagnen das gewonnene Know-how stärker teilen und sich organisatorisch gegenseitig unter die Arme greifen, wenn wichtige Aktionen anstehen.«

Das ist schon ganz schön seltsam. Es gibt also wichtige und folglich weniger wichtige Aktionen und es geht nicht darum, viele kleine widerständige Aktionen zu machen und Menschen zu befähigen, eben das zu tun, sondern darum, Großevents zu inszenieren. Ich finde Großaktionen nicht per se schlecht, aber wichtig ist meiner Ansicht nach, den Menschen dort dann zu vermitteln, dass sie auch selbst aktiv werden können. Und allzu oft höre ich dann nichts weiter als die Ankündigungen weiterer, konsumierbarer Großaktionen. Das finde ich schade, denn Großaktionen sind immer auch eine Möglichkeit, Widerständigkeit mehr Menschen näherzubringen. Und sie sind in meinen Augen nur dann gut, wenn sie Menschen ermutigen, selbst Aktionen zu gestalten und auf die Beine zu stellen, denn erst die Unberechenbarkeit macht den Widerstand effektiv. Das alte Lied: Wenn an vielen Orten viele Menschen viele kleine Dinge tun ...

Aber zurück zur eigentlichen Frage: Sind also nur von langer Hand geplante Massenaktionen »gewaltfrei«?

Eigentlich geht es in dem Buch, das ich gerade in den Händen hatte, *Demokratie – Die Herrschaft des Volkes. Eine Abrechnung* von Jörg Bergstedt, um Demokratie. Also um dieses System, das Menschen vorspielt und eintrichtert, sie würden überhaupt nicht von anderen Menschen mit eigenen Interessen, sondern von sich selbst regiert. Um ein System, in dem die regieren, die am glaubhaftesten versprechen, die Menschen könnten sich beruhigt zurücklehnen und die Parteien machen lassen, dann würde sich alles zum Besten entwickeln.

Aber als ich diesen Abschnitt lese, muss ich an die Frage der »Gewaltfreiheit« denken und mir scheint, ich habe die Antwort gefunden, die ich auch glaubte zu finden: Es gibt sie nicht, die eine Definition von Gewaltfreiheit …

»Oder ist Demokratie eine Art ›Containerbegriff‹, das heißt ein Wort, in das alle ihre eigenen Vorstellungen hineinpacken können und eine Verständigung über den Sinn und Unsinn der dahinterstehenden Inhalte kaum möglich ist? Solcherlei Begriffe gibt es ja viele: Nachhaltigkeit als Spanne zwischen Umweltschutz und Wirtschaftswachstum, Humanität zwischen Hungerhilfe und Angriffskrieg oder Zivilgesellschaft von Bürgerbeteiligung bis Stellvertretung durch NGO-Apparate sind nur einige Beispiele dafür.

Bei näherer Betrachtung sind Containerbegriffe aber auch die Voraussetzung dafür, dass die Personenkreise, die ohnehin über die größte Macht und Fähigkeit zur Steuerung gesellschaftlicher Diskurse verfügen, nun auch per Medien, Normierung, Bildung und gerichteter Wahrnehmung bestimmen, was jeweils als dem Begriff entsprechend und ihm widersprechend zu gelten hat. Sie sind die Definitionseliten, d.h. sie verfügen über die Macht zur Definition als Privileg. Vielfach werden Wertungen wie ›gut‹ und ›schlecht‹ oder ›richtig‹ und ›falsch‹ mit der Begriffsetzung verbunden, was die politische Wirksamkeit verstärkt. Mit solchen Begriffen lassen sich dann ideologische Kämpfe führen. Ist ein Begriff je nach Interesse beliebig definierbar, kann er ohne weitere Erklärung kaum noch verwendet werden, da der transportierte Inhalt ja nach Auffassung des ihn lesenden oder hörenden Menschen völlig verändert werden kann.«

Was ich für mich aus all den Debatten um Abgrenzung und Verurteilung anderer Aktionsformen schließe, ist, immer wieder die Frage zu stellen, was Menschen denn inhaltlich konkret meinen, wenn sie sich als gewaltfrei oder als nicht gewaltfrei bezeichnen und was sie für sinnvoll halten und warum.

Ich schließe mit einem Zitat von Gandhi und überlasse meinen Leser_innen die Deutung:

»Wenn nur die Wahl zwischen Feigheit und Gewalt besteht, dann bin ich für Gewalt.«

# 8

## Können sich Leitern versammeln?

Eine kleine Gruppe von Menschen stellt eine Leiter an das Hotel direkt neben dem Brandenburger Tor. Ein Security-Mann eilt herbei und interveniert: An seinem Hotel dürfe unter keinen Umständen eine Leiter lehnen. »Nun gut, die Leiter könne auch direkt an das Brandenburger Tor gelehnt werden«, lenken die Menschen ein, die die Leiter aufstellen. Die Leiter wird gedreht und lehnt nun direkt am Brandenburger Tor – der Security-Mann verschwindet. Zu viert steigen wir die Leiter hoch, und kaum sind wir oben, wird die Leiter wieder abgebaut und weggetragen, als hätte es dort nichts Bemerkenswertes gegeben. Während wir auf dem Dach des Gebäudes direkt an der Quadriga unser Transparent entrollen, kommt unten der Security-Mann des Hotels zum Security-Mann des Brandenburger Tors und kommentiert lapidar: »Die entern grad dein Tor.« Aber da war es schon zu spät und die eilig herbeigerufene Polizei kann auf dem Dach nichts machen. Resigniert funkt die Polizistin durch: »Die sind gesichert, wir nicht, da können wir nichts machen.« Wir freuen uns über die Situation und die gelungene Aktion, sehen unten einige Pressevertreter_innen stehen und genießen den Ausblick. Wir packen nach einiger Zeit das Transparent wieder ein, erklären die Aktion für beendet und gehen diesmal auf dem vorgesehenen Weg durch das Gebäude nach unten. Dann leider das Übliche: Durchsuchung, Fotos, motzige Sprüche, unfreundliche Kommentare und eine trotz kooperativen Verhaltens unsanfte Unterbringung im Polizeiauto – Abtransport auf die Wache.

Es war für mich nicht die erste Erfahrung in einer Zelle, ich wusste ungefähr, wie so etwas aussehen konnte. Ich hatte bereits die Erfahrung gemacht, wie es ist, absichtlich gedemütigt zu werden. Ich kannte den Zustand, in dem Kacheln zählen das einzig Verbliebene ist, mit dem ich mich zu beschäftigen weiß, ohne durchzudrehen. Ich hatte schon einmal den verdammten Ton dieser widerlichen gepanzerten Zellentür gehört, wie sie nicht nur ins Schloss fällt, sondern auch noch extra doppelt abgeschlossen wird. Mit einem Schloss, das wahrscheinlich absichtlich so konstruiert ist, dass es laut ist. Ich hatte zu diesem Zeitpunkt nicht mehr die Hoffnung, dass es anders werden könnte als mies, wusste aber auch – und das ist ein ziemlich gutes Gefühl –, dass ich es schon mal geschafft hatte, in der Polizeizelle halbwegs gut klarzukommen, dass ich eine tolle Aktion gemacht habe und dass mich Leute abholen würden. Es war dann auch erst mal so: Die drei anderen in eine Zelle, ich als einzige Frau in eine Einzelzelle. Später haben wir eine Zeit lang – sehr zu meiner Verwunderung, mir ist so was auch später niemals wieder passiert – gemeinsam darauf warten dürfen, verhört zu werden. In dem Verhör wurde uns gesagt, gegen uns würde unter anderem wegen des Verdachts auf Hausfriedensbruch ermittelt, und ob wir uns dazu äußern wollten. Selbstverständlich nicht! Und deren Formulare wollten wir auch alle nicht unterschreiben – dafür erntete ich prompt wieder irgendeinen blöden Spruch, konterte den und wurde rausgelassen. Mein Empfang draußen bestand aus vielen Leuten und einer Flasche Sekt.

Wir haben uns noch länger über die gelungene Aktion gefreut und warteten wegen der weiteren juristischen Folgen erst mal ab. Als dann die Ersten Post bekamen, staunten wir nicht schlecht: Der Vorwurf des Hausfriedensbruches war

**Wir entern das Brandenburger Tor, März 2006.**

vom Tisch, dafür gab es einen neuen: Verstoß gegen das Versammlungsgesetz. Das Versammlungsgesetz regelt Demonstrationen. Und so was, behauptete jedenfalls die Polizei, seien wir da oben ja wohl gewesen. Das hätten wir nicht angemeldet. Das hätten wir aber tun müssen. Wir recherchierten etwas und fanden die Vorstellung absurd, ist es doch maßgeblich für eine Versammlung, dass weitere Menschen die Möglichkeit haben, sich anzuschließen. Das erschien uns in unserem Fall nicht wirklich gegeben. Außerdem blieb zu diesem Zeitpunkt für uns offen, warum das Versammlungsgesetz herangezogen worden war, denn die Teilnahme an einer nicht genehmigten Versammlung ist gar keine Straftat, sondern lediglich eine Ordnungswidrigkeit – ungefähr so was wie ein Knöllchen für Falschparken. Während wir uns noch wunderten, hatte aber der Justizapparat beschlossen, das Verfahren ohne irgendwelche Auflagen einzustellen. Darüber haben wir uns dann erst mal gefreut und das Versammlungsgesetz wurde in unseren Hinterköpfen gespeichert.

Ein Jahr später. Diesmal ohne Sonnenschein und ohne Leiter. Ja, ganz genau, diesmal ohne Leiter …

Der Chef von Vattenfall, Lars Josefsson, kommt nach Berlin, um Angela Merkel persönlich in der schwierigen Klimafrage zur Seite zu stehen. Um sie zu beraten. Und heute erklärt er ihr sogar sein neues Klimaschutzprogramm. Ist das nicht nett? Einer der größten Emissionsverursacher nimmt seine globale Verantwortung wahr und mischt sich ambitioniert für sein Unternehmen – ich meinte natürlich: für die Umwelt – ein. »Greenwashing« heißt das Produkt und wir hatten uns, nachdem wir von dem Treffen erfahren hatten, zusammengesetzt und festgestellt, dass wir in unserem Schrank tatsächlich noch ein thematisch passendes Transparent hatten. Vattenfall sei im »miljöskydd« wie es in Schweden so schön heißt, im »Umweltschutz« also, ein Flop und nur als Klimakiller top. Bei unangenehmem Regen und eigentlich schon viel zu spät fuhren wir zum Veranstaltungsort, und drei Leute kletterten auf Fahnenmasten und spannten das besagte Transparent. So wirklich gelohnt hatte sich das für die fünf Leute, die es am Ende noch gesehen haben, nicht. Und es war nass und kalt und schlicht ekelhaftes Wetter. Die Polizei vor Ort war vor allem eines: unkoordiniert. Sie wussten nicht, was sie tun sollten und beließen es im Endeffekt dabei, mit uns zu reden und uns zu bitten, die Aktion zu beenden. Wir machten das Angebot, nach weiteren zwanzig Minuten abzubauen und zu verschwinden, und die Einsatzkräfte zeigten sich darüber erfreut, dass sich die ganze Sache so regeln ließ. Wir dachten nun also, das klatschnasse und schwere Transparent auf dem Rückweg in der U-Bahn sei schon Ärgernis genug gewesen, aber dem war nicht so. Was passierte? Mir wurde, ohne mir vorher überhaupt Gelegenheit zur Stellungnahme zu irgendwelchen Vorwürfen gegeben zu haben, ein Strafbefehl zugeschickt. Ein Strafbefehl ist so etwas wie eine Verurteilung ohne Verhandlung. Ein Strafbefehl ist, rein formal betrachtet, dazu da, Menschen und Gerichten unnötige Gerichtsprozesse zu ersparen und wird deshalb – auch wieder nur rein formal betrachtet – nur dann ausgestellt, wenn ein_e Richter_in nach eingehender Prüfung davon überzeugt ist, dass die Sachlage so klar ist, dass eine Verurteilung überaus wahrscheinlich ist und ein Prozess keinerlei relevanten Erkenntnisse liefern könnte. Etwas weniger formal und etwas näher an der Realität formuliert: Damit die Gerichte weniger zu tun haben und es trotzdem abschreckende und kriminalisierende Strafen gibt, werden eigentlich ständig jede Menge unrecherchierter und zweifelhafter Strafbefehle ausgestellt. Und das wiederum ist nicht so harmlos, wie es klingt, denn wer gegen einen Strafbefehl keine Rechtsmittel einlegt, ist rechtskräftig verurteilt. Zurück zu der Aktion (ohne Leiter): Ich bekam also den Strafbefehl ins Haus, der besagte, ich hätte eine unangemeldete Versammlung geleitet und müsse deswegen eine Geldstrafe zahlen: Eintausendfünfhundert Euro. Erster Schritt: Rechtsmittel einlegen. Denn dann kommt es zu einem Prozess. Zweiter Schritt: Recherche. Was hat es mit dem Paragrafen auf sich, was bedeutet das, wie kommen die auf mich? Ich krame aus meinem Hinterkopf die letzten Reste Versammlungsgesetz und telefoniere mit Jura-Studenten in meinem Umfeld. Über einen Anwalt bekomme ich dann die Akte und ich staune nicht schlecht: Die Polizei hat gesammelt. Wie ich früher Sticker gesammelt habe, sammelt die Polizei Daten. Und mittlerweile habe ich auch verstanden, warum sie das tut: Im Versammlungsgesetz heißt es, die Teilnahme an einer nicht genehmigten Versammlung sei eine Ordnungswidrigkeit, die Leitung einer solchen aber eine Straftat. Die Polizei muss nun also eine Person zur Versammlungsleitung erklären, denn sonst liegt keine Straftat vor und so ließe sich schlecht ein Exempel statuieren. Und überhaupt, wo kämen wir denn hin, wenn die Leute einfach so auf der Straße ihre Meinung kundtun – das geht nun wirklich nicht. Neben Akten bereits längst eingestellter Verfahren kramte die Polizei in ihrer Recherche auch im Internet und verwendete dabei auch Google-Ergebnisse zu meinem Namen. Das waren so Dinge wie »Kontaktperson sein« auf einem Flugblatt, das zu einem Camp einlädt, oder Pressemitteilungen einer Floßtour, in denen ich als Kontaktmöglichkeit angegeben war. Ich staunte nicht schlecht, dies in der Akte wiederzufinden, doch fast noch beeindruckender als diese Aufzählung war dann die Folgerung aus alldem: Es handle sich bei mir »offensichtlich nicht um eine Mitläuferin, sondern um eine engagierte Umweltschützerin«. Ich musste den Satz erst mal sacken lassen, denn ich konnte die Ehrlichkeit, mit der dort stand, wofür ich bestraft werden sollte, nicht fassen. Die weitere Herleitung, warum ich eine besondere Rolle gespielt haben soll an jenem Regentag, wirkte auf mich enorm desillusionierend. Hatte ich vorher noch manchmal geglaubt, die Polizei würde stringent argumentieren oder ordentlich arbeiten – seit dem Blick in diese Akte war das vorbei.

Es kam zum Prozess, und nachdem der erste Zeuge gehört worden war, hatte die Richterin schon ganz offensichtlich die Lust verloren. Sie wollte das Verfahren einstellen, aber die Staatsanwaltschaft stimmte dem nicht zu. Der Prozess war dadurch vorerst geplatzt, der Termin vorüber und ich wartete auf neue Post vom Gericht. Über ein halbes Jahr später kam dann auch ein Brief mit einem neuen Termin. Dort fing der ganze Prozess nochmals, von vorn an, diesmal mit anderem Richter und jeder Menge geladener Zeuginnen und Zeugen der Polizei, die sich gegenseitig widersprachen. Der Richter schien nicht besonders ambitioniert zu sein, mich verurteilen zu wollen, und so entschied sich die Staatsanwaltschaft wohl aus Angst vor einem Freispruch zu einem sehr unüblichen Schritt: Es wurde beantragt, die Richterin des ersten Prozesstages als Zeugin vorzuladen, denn sie könne bezeugen, dass ein anderer Zeuge, der nur am ersten Prozesstag eine Aussage gemacht hatte, etwas mich Belastendes gesagt hätte. Ein reichlich absurder Vorgang, der aber tatsächlich zu einer Unterbrechung des Prozesses führte. Nachdem sich dann aber die Richterin als Zeugin am zweiten Tag des Wiederholungsprozesses an nicht mehr viel erinnerte und in der Sache nichts Belastendes hervorbringen konnte, blieb dem Richter nichts anderes übrig als ein Freispruch mit der Begründung: Während der Verhandlungstage sei nicht wie geplant alles klarer geworden, sondern im Gegenteil hätten sich ihm die Abläufe immer weniger erschlossen und er könne in keinster Weise behaupten, ich sei in der Rolle der Versammlungsleitung aufgetreten. Es lässt sich zusammenfassen: Viel Medieninteresse für einen Prozess um eine Aktion, die selbst wenig Resonanz hatte: Zum Klettern braucht es eben nicht immer eine Leiter. Und eben auch keine Leiterin.

### Und wenn die Aktion mal nicht klappt?

Mir ist aufgefallen: Ich berichte immer nur von mehr oder weniger gelungenen Aktionen. Das Bild, das dadurch entsteht, ist womöglich etwas verfälscht. Deswegen hier jetzt die Geschichte einer gescheiterten Aktion. Kommt nicht gut – war auch ganz schön uncool, gehört aber eben dazu. Und lernen lässt sich daraus auch jede Menge.

Der hessische Ministerpräsident Roland Koch hat ein Faible für Autobahnen. Für teure Autobahnen. Eigentlich ja nur für kurze Straßenstücke, die Autobahn zu nennen eher absurd ist. Konkret in diesem Fall: Ein Teilstück der A 44 bei Hessisch Lichtenau, Länge: ganze 4,4 Kilometer. Kosten: stolze 83,4 Millionen Euro. Weil ein paar Tunnel durch ein paar Berge gebuddelt werden mussten und ein paar Brücken diese Tunnel verbinden. Also besteht das Teilstück aus Tunneln und Brücken. Das gilt es nun feierlich zu eröffnen, weswegen Herr Ministerpräsident persönlich nach He-Li, wie es so schön genannt wird, fährt und vor einem Tunneleingang stehend das Teilstück eröffnet.

Wir wollen ein Transparent vor den Tunneleingang hängen. Wir liegen also auf dem Berg, durch den sich der Tunnel gefressen hat, und beobachten das Schauspiel im Tal aus unserem Versteck hinter einem Gebüsch. Wir beschließen schließlich, dass nun der richtige Moment gekommen ist, um anzufangen. Von Gebüsch zu Gebüsch laufen wir den Hang hinunter, um möglichst lange unentdeckt zu bleiben. Wir laufen um einen Bauzaun herum und werden entdeckt, haben aber einen Vorsprung von etwa einer halben Minute. Die beiden Kletterer beginnen, sich abzuseilen und ich stelle mich auf den Tunnelbogen und somit der Polizei in den Weg, die sofort herbeieilt. Ich werde brutal beiseitegestoßen und finde kein Gehör. Ich sage mit Nachdruck, dass die Kletterer gefährdet werden, wenn die Polizisten an den Seilen rumhantieren, dass ein professionelles Kletterteam das machen muss, die Polizisten sich ansonsten strafbar machen. All das scheint bedeutungslos, denn Autobahnen sind heilig. Ich werde unter lautem Protest weggeschleift und mir wird nicht zugehört. Auch meine Fragen nach der Rechtsgrundlage der Polizeihandlung bleiben wie erwartet unbeantwortet: Wir hätten schließlich ein Transparent aufhängen wollen, heißt es. Dass das keine Rechtsgrundlage, sondern eine politische Wertung ist, ist den Einsatzkräften der Polizei vollkommen egal. Sie stehen auf dem Tunneleingang aus Beton und ziehen an den Kletterseilen. Sie schleifen somit die Kletterer mehrere Meter über den Beton, wovon den beiden als Erinnerung kaputte Kleidung und blutende Schürfwunden bleiben. Unten bei der Feierlichkeit wird aus dem Publikum ein wenig Protest gegen die Polizeibrutalität laut, aber die meisten Menschen sind Autobahnfans und freuen sich, dass die Aktion unterbunden ist. Wir werden schließlich in ein Polizeiauto gesetzt und sind somit unter den Ersten, die durch den neuen Tunnel fahren – direkt zur Polizeiwache. Etwas frustriert machen wir dort das übliche Spielchen mit: Warten, zur Vernehmung vorgeführt werden, nichts sagen, auf Nachfrage noch mal bestätigen, nichts zu sagen, sich über dusselige Bilder an den Fluren der Polizeistation wundern, langweilige Gespräche über den Kleidungsetat der Angestellten der hessischen Polizei mit anhören und schließlich vor die Tür gesetzt werden. Der Vorwurf lautete »Verstoß gegen das Versammlungsgesetz«, aber weil das wohl zu offensichtlich haltlos war, wurde das Verfahren eingestellt. Was natürlich nichts daran ändert, dass ein Eintrag zu eben diesem Vorfall noch immer bei der Polizei und im staatsanwaltschaftlichen Zentralregister gespeichert ist und mich somit belastet.

Gescheiterte Aktionen können aber dennoch Erfolg haben. Wie das? Na, zum Beispiel gab es mal den Versuch einer Genfeldbesetzung, der aufgrund eines Großaufgebotes der Polizei scheiterte. Dennoch war die Aktion auf der Titelseite der regionalen *Bild*-Zeitung und in aller Munde – tagelang. Und auch wenn durch eine gescheiterte Besetzung die Aussaat von Gensaatgut nicht verhindert werden kann, so war in diesem Fall doch zumindest das Ziel der medialen Wahrnehmung und der Diskussion um Gentechnik in der Region erreicht worden.

Ich werde nach Aktionen gegen Autobahnen immer wieder gefragt, was denn meine Reisealternative sei. Die Bahn natürlich und insgesamt ein Ausbau des öffentlichen Nahverkehrs. Aber ganz ehrlich: Die Bahn von heute ist ein Saftladen. Strecken streichen und Preise erhöhen, sinnlose Anschlüsse und unglaublich schlechte Einzelberatung. Und die Bahn kauft sich auch immer wieder in diverse Flughäfen oder Fluggesellschaften ein, von ambitioniertem Klimaschutz kann da wirklich nicht die Rede sein. Zubringer zum Flieger werden optimiert, Bahnhöfe auf dem Land geschlossen. »Unternehmen Zukunft« war einst ein Werbespruch der Bahn – meine Utopie einer Zukunft sieht anders aus …

Was die Vergangenheit angeht, sieht es bei der Bahn aber auch nicht viel besser aus: Kritische Vergangenheitsbewältigung ist ein Fremdwort. Die Rolle der Deutschen Reichsbahn, also dem Unternehmen, aus dem die heutige Bahn entstand, bei der Deportation von Menschen im Dritten Reich wird vom Projekt »Zug der Erinnerung« eindrücklich dargestellt. Dieser Zug beherbergt eine mobile Ausstellung, die sich mit der Deportation vor allem von Kindern während des Dritten Reichs und der Rolle der Reichsbahn auseinandersetzt. Dieser Zug wird von der Bahn mit absurden Auflagen belegt, die Bereitstellung der Schienen wird überzogen teuer berechnet und Hinweisschilder auf die Ausstellung werden beseitigt. In München ist sogar bewaffnete Security zur Patrouille vor den Ausstellungswagen eingesetzt worden.

Auf der Homepage der Initiative http://www.zug-der-erinnerung.eu heißt es:

»Von den Initiatoren des Gedenkens an den Massenmord verlangte das Nachfolgeunternehmen der ›Deutschen Reichsbahn‹ bisher über 140000 Euro (›Bahnhofsgebühren‹ und ›Trassenpreise‹). Auf mehreren früheren Deportationsbahnhöfen verbot die DB AG Fernsehteams Interviews am ›Zug der Erinnerung‹ (Freiburg) oder behinderte den öffentlichen Zugang auf andere Weise.«

Der Jahresgewinn der Bahn Betrug 2008 übrigens fast 2,5 Milliarden Euro.

# 9

## Der Aufkleber und die Demokratie

Ich bin auf der Titelseite von einem Gratis-Blatt gelandet. Ja, genau, diese Stadtteilblättchen, die an alle Menschen verteilt werden, die nicht explizit darauf bestehen, dieses Altpapier nicht zu bekommen. Zeitungen, die nichts kosten und meist ungelesen im Altpapier landen. Eben jene Zeitungen, von denen ich bisher immer dachte, politische Inhalte seien dort nicht unterzubringen. Aber weit gefehlt.

Doch von Anfang an: Hamburg im Sommer 2007: In den Vattenfall-AKW Krümmel und Brunsbüttel hatte es gebrannt und die beiden Anlagen standen still. Vattenfall steht dafür und für die Pläne, in Hamburg-Moorburg ein neues Steinkohlekraftwerk bauen zu wollen, in der Kritik.

Die Kampagne »Tschüss Vattenfall« fordert mit Aufklebern in Sprechblasenform zum Wechsel des Stromanbieters auf. Mehrere Tausend davon kleben schon an allen möglichen Orten in der ganzen Stadt, als ich auf dem Weg zum Bahnhof in einer Fußgängerunterführung von Zivilpolizei umringt werde. Die Aufkleber in meiner Hand werden beschlagnahmt und meine Personalien werden aufgenommen. Um mir Angst einzujagen, wird mir eröffnet, es lägen jede Menge Anzeigen wegen Aufkleberklebens vor. Besonders die Post habe ein ungemein großes Interesse an der Strafverfolgung bei Aufklebern auf Briefkästen. Unbeeindruckt habe ich den Vorfall erst mal in meinem Hinter-

**Ich moderiere die Abschlusskundgebung einer Demonstration gegen das geplante Vattenfall-Kraftwerk in Hamburg-Moorburg.**

kopf abgelegt und abgewartet. Ich bekam schließlich eine Vorladung der Polizei, ich möge doch bitte als Beschuldigte erscheinen. Gute Gelegenheit, einen Anwalt einzuschalten. Dieser riet mir, drei Monate abzuwarten. Warum das? Die Frist, innerhalb derer eine Sachbeschädigung zur Anzeige gebracht werden kann, beträgt ein Vierteljahr. Drei Monaten später lag immer noch keine Anzeige vor. »So weit, so gut«, dachte ich mir und rechnete mit einer Einstellung der Ermittlungen. Immerhin hatte die Polizei auch alle Anzeigeberechtigten angeschrieben und ihnen mitgeteilt, dass sie mich »auf frischer Tat ertappt« hätten und dass nun Anzeige gegen mich und nicht gegen Unbekannt erstattet werden könne. Weder die Stadtreinigung (wegen eines beklebten Mülleimers) noch die Post (wegen des besagten Briefkastens) noch Vattenfall (wegen einer Vattenfall gehörenden Straßenlaterne – nur nebenbei: Das wäre witzig geworden, schließlich stand auf dem Aufkleber ja etwas Vattenfall-Kritisches) noch die SPD (wegen eines beklebten

Wahlplakates) entschieden sich für eine Anzeige. Auf eine freundliche Nachfrage bei der Staatsanwaltschaft, ob sich der Fall damit erledigt hätte, dann die unerwartete Antwort: Nein, die Staatsanwaltschaft würde den Fall ohne Anzeige verfolgen. »Dürfen die das?«, fragte ich mich. Siehe da: Sie dürfen. Es muss lediglich ein »besonderes öffentliches Interesse« an der Strafverfolgung bestehen. Ach so. Aber inwiefern bestand nun ein »besonderes öffentliches Interesse« an der Verfolgung dieser ungemein unbedeutenden Sache? Was den Mülleimer, die Straßenlaterne und auch den Briefkasten anging, sah die Staatsanwaltschaft den Fall genau wie ich: Wo sich kein Mensch geschädigt fühlt oder Anzeige erstatten möchte, gibt es keinen weiteren Handlungsbedarf. *Aber* da sei ja auch noch dieses eine SPD-Wahlplakat gewesen. Und immerhin stellen Wahlen einen integralen Bestandteil der Demokratie dar. Wahlplakate zu verändern ist somit eine Gefährdung der Demokratie, und das strafrechtlich zu verfolgen sei dementsprechend von besonderem öffentlichen Interesse. Die Staatsanwaltschaft sei aber bereit, das Verfahren gegen Zahlung von fünfzig Euro einzustellen.

In dem Moment habe ich mich entschieden, etwas zu tun, wofür mich viele Leute wohl für verrückt erklären: Ich habe das Angebot abgelehnt, weil ich es nicht einsah, für einen einzigen läppischen Aufkleber auf einem Wahlplakat der SPD fünfzig Euro zu zahlen, wo sich doch die SPD gar nicht geschädigt sah. Mehr noch: Der Kreisvorsitzende aus Altona hatte sich sogar explizit gegen eine Strafverfolgung ausgesprochen und das Aufkleberkleben als Resultat mangelnder Ausdrucksmöglichkeiten im öffentlichen Raum gedeutet.

Dennoch kam es vor dem Amtsgericht Altona zum Prozess. Der Richter hat den Antrag, den SPD-Kreisvorsitzenden als Zeugen zu laden, abgelehnt mit der Begründung, es täte nichts zur Sache, was auch immer der Zeuge sagen würde. Und als einziger Beleg meiner Tat wird ein Polizeibericht verlesen, ohne den Zeugen vorzuladen. Der Richter verurteilte mich zu fünfzehn Tagessätzen Geldstrafe wegen Sachbeschädigung. Das Fiese an diesem Urteil: Fünfzehn Tagessätze sind exakt die Grenze, bis zu der eine Berufung, also ein inhaltliches Anfechten der Sache in nächster Instanz, nur auf Antrag zugelassen werden kann. Und über den Antrag entscheidet das Gericht, das zuvor geurteilt hat. Real hat das also geringe Chancen. Deswegen entschied ich mich für das Rechtsmittel der Revision, also einer Prüfung des Gerichtsverfahrens auf Formfehler. Und es geschah tatsächlich, womit ich nicht gerechnet hätte: Das Oberlandesgericht hat das Urteil aufgehoben und bemängelt, dass ein Polizeizeuge nicht vorgeladen, sondern nur sein Bericht verlesen worden war.

Bei Gericht klingt das natürlich etwas anders und liest sich wie folgt:

»Daraus folgt, dass die Zuverlässigkeit von Zeugenangaben jedenfalls insoweit zu erörtern ist, als der Angeklagte die Aussage verweigert hat und die Schuldfeststellungen allein auf der Angabe des Belastungszeugen beruhen oder nach den Umständen Zweifel an der Zuverlässigkeit der Zeugenangaben bestehen können. Letzteres gilt namentlich, wenn sich das Tatgericht in der Hauptverhandlung keinen persönlichen Eindruck von dem Zeugen hat verschaffen können und dessen Angaben nicht hat hinterfragen können, weil eine schriftliche Äußerung des Zeugen oder ein Protokoll über dessen Vernehmung verlesen worden ist. Solchen Zeugenangaben kommt ein reduzierter Beweiswert zu, weshalb ihre Zuverlässigkeit besonders sorgfältig zu prüfen ist und das Tatgericht sein Bewusstsein von dem potentiell geringeren Beweiswert aufzuzeigen hat.

Die sachlichrechtlich gebotene Darlegung der Beweiswürdigung kann im Allgemeinen nicht durch eine Darlegung der Beweiserhebung und Wiedergabe namentlich von Zeugenaussagen ersetzt werden. Eine solche bloße Dokumentation der Beweisaufnahme verfehlt die Aufgabe der

Urteilsgründe, die wertenden Erwägungen des Tatgerichtes für das Revisionsgericht prüfbar darzulegen.«

Unglaublich, in wie vielen Worten und wie verklausuliert das da alles steht, aber an dieser Stelle tatsächlich erfreulich für mich. Das OLG stellt dann zusätzlich fest, dass das Amtsgericht zudem noch den Fehler gemacht hat, nicht einmal zu prüfen, ob der Straftatbestand überhaupt vorlag, ob also das Aufkleberkleben überhaupt eine Sachbeschädigung sei. Im Urteil des Amtsgerichts wurde nämlich einfach festgestellt, dass der Aufkleber »fest mit dem Plakat verbunden« gewesen sei, und mein Beweisantrag zur Feststellung, ob dies denn wirklich der Fall gewesen sei, wurde abgelehnt. Die Rüge dessen liest sich wirklich sehr nett:

»Zu der in den Subsumtionserwägungen nachgeschobenen Feststellung, der Aufkleber sei ›fest mit dem Plakat verbunden‹ gewesen und habe ›nicht ganz einfach ohne jegliche Beschädigung vom Grundplakat abgezogen werden‹ können, fehlt jegliche Beweiswürdigung, obwohl dieser Feststellung maßgebliche Bedeutung für das Tatbestandsmerkmal des § 303 Abs. 2 StGB, das Erscheinungsbild werde ›nicht nur vorübergehend‹ verändert, zukommt. Namentlich der verlesene Bericht des Polizeibeamten B. vermag diese Feststellung nicht zu tragen, weil nach dessen mitgeteiltem Inhalt der Beamte die Angeklagte ›bei der Tatbegehung‹ beobachtet hat, wohingegen eine anschließende Untersuchung des Aufklebers und Plakats nicht referiert wird, auch aus der in den Urteilsgründen erwähnten Einnahme des Augenscheins von den Lichtbildern können sich Art oder Wirkung des Klebemittels nicht ergeben haben.

Da schon die Beweiswürdigung rechtsfehlerhaft ist, kann dahinstehen, ob die Feststellung hinreichend bestimmt ist (›nicht ganz einfach‹; ›ohne jegliche‹).«

Weiterhin bemängelt das Oberlandesgericht, dass die Einschätzung der SPD nicht gehört worden sei und dass es irgendwie ja wohl nicht angehen könnte, die Tatsache, dass

**Ich und meine Mitstreiter_innen Cécile Lecomte, Günther Bock und Lukas Eickholl (von links) vor dem Amtsgericht Altona kurz vor Prozessbeginn im April 2008.**

die SPD sich gesprächsbereit gezeigt hätte, gar nicht als relevant zu erachten.

»Zur festgestellten fehlenden Einwilligung der Partei in die Anbringung des Aufklebers, der Bedeutung für das Tatbestandsmerkmal ›unbefugt‹ im Sinne des § 303 Abs. 2 StGB zukommt, verhält sich die Beweiswürdigung nicht. Die Nichterteilung einer Einwilligung versteht sich hier wegen der Besonderheiten der tatrichterlichen Erwägung, die Partei habe (nachträglich) zum Ausdruck gebracht, sich ›auf die Kommunikation mit der Angeklagten einlassen‹ zu wollen, hier ausnahmsweise nicht von selbst.«

Nach diesem insgesamt doch erfreulichen Beschluss wurde das Ganze zurück zum Amtsgericht verwiesen, an einen neuen Richter, der nun das Verfahren einstellen oder erneut verhandeln kann – ich bin gespannt.

Jedenfalls sind wir damit wieder bei meinem Ausgangspunkt: Der Titelseite des *Altonaer Wochenblatts*, die mich und einen »Tschüss Vattenfall«-Aufkleber zeigt. Es wird berichtet über mein Engagement, und die Zeitung schreibt, dass ich mich nicht einschüchtern lasse und weiterhin Aktionen machen werde, weil die Tatsachen, die Vattenfall jetzt schaffen möchte, Weichen für die Zukunft stellen. Die Titelzeile: »Der Altonaer Aufkleberprozess«. Soll wohl klingen wie der Titel eines Krimis. Ist ja auch einer. Eine Kriminalgeschichte, auch wenn die kriminelle Energie hier eher aufseiten der Staatsanwaltschaft zu finden ist …

# 10

## Wie lege ich eine Polizeiwache lahm?

Eine Person wird rechtswidrig in Gewahrsam genommen und auf die Polizeiwache mitgenommen. Wir ziehen dorthin und fordern die Freilassung. Der Grund für die Gewahrsamnahme ist ohnehin bereits vorbei und wir wollen nach Hause. Wir erklären den Beamt_innen vor Ort, dass wir die Freilassung der Person fordern und dass es für sie nur schwieriger und komplizierter würde, wenn sie dieser Forderung nicht nachkämen. Die Polizei gibt sich unbeeindruckt und autoritär. Wir hätten hier nichts zu suchen und sollten gehen, meinen sie. Wir lassen uns das nicht sagen, denn immerhin ist ein Freund von uns eingesperrt worden. Mit Kreide fordern wir auf dem Gehweg seine Freilassung. Ein Polizist entreißt mir ein Kreidestück und wirft es in hohem Bogen in den Nachbargarten. Ich beschwere mich und frage nach der Rechtsgrundlage – es scheint keine zu geben und ich bekomme keine hilfreiche Antwort. Ich will weiterschreiben und greife zum nächsten Stück Kreide. Der Polizist tritt auf die Kreide und macht sie kaputt. Ich beschwere mich und erkläre, dass es nicht verboten sei, mit Kreide zu malen und dass das gerade Sachbeschädigung war. Ich möchte Anzeige deswegen erstatten. Rechtlich betrachtet, muss die Polizei Anzeigen jederzeit und überall entgegennehmen. Das wird mir aber verweigert und ich werde weggeschickt. Ich bleibe hartnäckig und fordere weiterhin, dass irgendwer meine Anzeige aufnehmen sollte. Ich gehe in die Polizeiwache hinein und möchte Anzeige erstatten wegen der Geschehnisse vor der Tür. Das könne ich bei den Kollegen draußen machen, ich solle die Wache verlassen, heißt es. Ich erkläre, dass sich die Kollegen draußen weigern würden, meine Anzeige aufzunehmen, und dass ich weiß, dass die Polizei verpflichtet sei, die Anzeige aufzunehmen. Ich könne das ja später online machen, ist die lapidare Antwort. Ich bleibe hartnäckig und fordere weiter, aber mir wird nicht zugehört und ich werde aus der Polizeiwache geworfen. Ich bin genervt und mache den Beamt_innen vor dem Haus klar, dass das strafbar ist und dass sie sich sicher sein könnten, dass ich Anzeige erstatten und mich beschweren würde und dass sie nun sofort die eingesperrte Person freilassen sollen, weil sonst für sie alles nur noch anstrengender werden würde.

Ich packe die restliche Kreide aus und beschreibe auf dem Fußweg das Geschehen. Die Polizisten treten auf die Kreide und auf meine Hand. Meine Hand blutet und der Kreideeimer wird absichtlich zertreten. Ich frage, warum ich dort nicht mit Kreide malen dürfte, und die Antwort lautet, es könne nicht angehen, dass direkt vor der Polizeiwache polizeikritische Sprüche stehen. Ich argumentiere mit Meinungsfreiheit und fordere die Nennung der Rechtsgrundlage statt Brutalität ein. Ich bekomme daraufhin einen Platzverweis für die ganze Stadt ausgesprochen, verziehe mich genervt auf die andere Straßenseite, schreibe mit den verbliebenen Kreidebröseln auf die Straße, was dort passiert, und warte mit den anderen gemeinsam auf die Freilassung, die noch eine weitere halbe Stunde auf sich warten lässt.

Nach der ganzen Aufregung zu Hause angekommen, verfasse ich Dienstaufsichtsbeschwerden und Anzeigen wegen Sachbeschädigung und Strafvereitelung im Amt. Nicht, dass ich daran glaube, damit auch nur im Geringsten Erfolg zu haben, aber wenn die Polizei derart dreist vorgeht, soll sie sich zumindest dafür rechtfertigen und noch möglichst viel Aufwand haben. Ich erkläre also den Sachverhalt und schicke die Schreiben an Polizei und Staatsanwaltschaft und sende das Ganze außerdem in Kopie an das Innenministerium mit der Bitte um Kommentierung – das halten die Angestellten dort aber wohl für überflüssig.

Nach mehreren Monaten bekomme ich dann ein Schreiben der Staatsanwaltschaft, die es nicht für nötig befindet, Ermittlungen aufzunehmen, und lese amüsiert, wie die Polizei die Geschehnisse umdeutet: Es wird behauptet, das Kreidemalen sei eine unmittelbare Gefahr für die öffentliche Sicherheit und Ordnung gewesen und deswegen sei die Beschädigung von Kreide und Eimer absolut in Ordnung. Es wird sogar beschrieben, wir hätten mit der Kreide die Funktionsfähigkeit der Polizeiwache gefährdet. Spannend auch, dass es wegen unserer Anwesenheit angeblich nicht mehr möglich gewesen sein soll, dass andere Bürger_innen die Polizei hätten erreichen können (nicht, dass es jemanden gegeben hätte in der Zeit, und überhaupt ist mir schleierhaft, wie Kreide auf dem Gehweg es unmöglich macht, die Wache zu betreten). Kurios ist auch die Behauptung, unsere Anwesenheit habe die telefonische Kommunikation von Bürger_innen mit der Polizeiwache unterbunden. Das finde ich ja nun doch eine sehr spannende Sache, wie denn nun die Kreidemalerei die Telefonleitungen lahmlegt …

Ich habe nicht mit etwas anderem gerechnet, finde aber, dass der Vorgang ein schönes Beispiel dafür ist, wie unmöglich es in diesem Land ist, gegen Polizeiverhalten juristisch vorzugehen. Trotzdem: Ich glaube, so schnell wird sich die Polizei in Bad Freienwalde so etwas nicht wieder erlauben.

## Skandalös! Oder nicht?

Jetzt mag manch eine_r meinen, es würde sich bei der ganzen Sache um einen Skandal handeln. Ich würde sagen: Ja und nein. Ja, weil offensichtlich skandalös und erschreckend und beängstigend ist, was hier passiert. Nein, weil es sich hier nicht um einen Einzelfall handelt. Es gibt nicht die »eigentlich neutrale und gute Staatsanwaltschaft« und »die eigentlich sehr professionelle Polizei«. Diese Fälle sind keine Ausnahmen, die die Regel bestätigen, sondern der Normalfall. Polizeihandeln funktioniert strukturell genau so. Das sind auch keine schwarzen Schafe, sondern Durchsetzende der Interessen der Mächtigen. Das klingt nach platter Propaganda? Nun gut, werfen wir einen Blick nach Hessen. Genauer gesagt, nach Gießen:

2003. Es wird zu einer Gedichtlesung eingeladen. Es sollen vor einem Gerichtsgebäude Gedichte vorgelesen werden. Die Polizei bekommt das mit (was nicht besonders schwierig war, denn die Veranstaltung wurde offen angekündigt), fährt auch an den Ort des Geschehens, stellt fest, dass dort Gedichte gelesen werden, vermerkt eben dies. Und dann? Mensch möchte meinen, die Polizei macht nun Feierabend. Nicht so in Gießen. Der Einsatzleiter vor Ort meint, das Ganze würde aus unerfindlichen Gründen eine »Gefahr für die öffentliche Sicherheit und Ordnung« darstellen. Daraufhin nimmt die Polizei kurzerhand zwölf von dreizehn teilnehmenden Personen in Unterbindungsgewahrsam – eine Person mit einem Hund lassen die Polizisten gehen, das scheint ihnen wohl zu aufwendig. Warum sie mitgenommen werden? Das wissen die Eingesperrten auch nicht. Sie müssen nun jedenfalls circa einen Tag in den Gewahrsamszellen verbringen. Die Polizei will sie sechs Tage lang festhalten und beantragt eben dies (also die längstmögliche Dauer Unterbindungsgewahrsam) beim Gericht. In der Begründung wird eine Person als Rädelsführer der ganzen Aktion genannt.

Aufgrund der Gefährlichkeit dieser festgenommenen Person sei der Unterbindungsgewahrsam notwendig. Das Problem an der Sache: Die genannte Person taucht zwar im Schreiben der Polizei (in diesem Fall des Chef-Staatsschützers Puff) an das Gericht auf, war aber bei der Gedichtlesung gar nicht vor Ort. Es scheint, als sei der Antrag mit der Begründung für den Unterbindungsgewahrsam geschrieben worden, bevor es überhaupt zu den Festnahmen kam.

In der Polizeipressemeldung des nächsten Tages steht, ein Farbanschlag sei geplant gewesen. Angeblich seien die dafür notwendigen Utensilien mitgeführt worden. Es gibt zwar kurz nach dieser erlogenen Polizeimeldung eine Pressemitteilung mit einer Gegendarstellung, aber die Presse druckt kritiklos die Version des geplanten Farbanschlags. Nur ein Beleg für die Tatsache, dass es solche Utensilien nie gab, sind die Beschlagnahmeprotokolle des Abends, auf denen neben Zetteln mit Gedichten nichts vermerkt ist, keine Farben, keine Pinsel – kurz: nichts, mit dem sich ein Farbanschlag durchführen ließe.

Es wird aber noch absurder, nachdem die Gedichtlesung also von einer Gefährdung der öffentlichen Sicherheit und Ordnung zu einem versuchten Farbangriff wurde, mutiert sie schließlich erneut …

Die Eingesperrten legen Beschwerde gegen die Gewahrsamnahme ein und weisen auf die nicht zutreffende Unterstellung des vermeintlich geplanten Farbangriffs hin. Sie erhalten ein Antwortschreiben, in welchem steht, es sei sehr wohl etwas gefunden worden, und zwar ein Behälter mit Farbe außen dran und so etwas wie Terpentin innen drin. Und mittlerweile sei auch der Befund des LKA eingetroffen. Dieser würde bestätigen, dass es sich bei der Flüssigkeit um ein Lösungsmittel handeln würde, das geeignet sei, einen Brandsatz herzustellen. Ja, richtig gelesen, einen Brandsatz. Eine Lesung wird zur Gefahr für die öffentliche Ordnung, sie wird zu einem versuchten Farbanschlag (offensichtlich zu verüben mit Lösungsmittel), und der wird zu einem versuchten Brandanschlag. Und dieser Brandanschlag (der natürlich in keinem der Einsatzprotokolle der besagten Nacht auftaucht und das erste Mal ein halbes Jahr später in den Akten erscheint) ist dann die Begründung für die Gewahrsamnahme.

Wer die ganze Geschichte so nicht glaubt, den oder die überzeugt vielleicht die Tatsache, dass gegen keine der eingesperrten Personen je ein Verfahren wegen eines versuchten Brandanschlags lief (was immerhin den nicht ganz belanglosen Straftatbestand der Bildung einer terroristischen Vereinigung – § 129a – erfüllen würde). Das Ganze war also von Anfang an ein großes Lügengeflecht der Polizei, um die Freiheitsentziehungen zu rechtfertigen.

All dies war aber nicht etwa der Höhepunkt, sondern nur der Anfang ausgedachter Straftaten und absurder Vorwürfe in und um Gießen. Und auch Gießen ist hier sicherlich kein Einzelfall – besonders an der Situation dort ist lediglich die erfreuliche Tatsache, dass sich Menschen die Mühe gemacht haben, akribisch zu recherchieren und zu dokumentieren, wie Polizei und Justiz vorgehen.

Und wieder werden mir Menschen nicht glauben, daher noch ein solches Fallbeispiel.

2005. Ein Prozess findet statt. Der Angeklagte wird beschuldigt, er habe um sich getreten und dabei Polizisten verletzt. Im Vorfeld des Prozesses wird vom Angeklagten eine Ausstellung über Polizeigewalt und Justizwillkür vor dem Gericht aufgehängt. Die hängt da aber nicht allzu lange, denn die Ausstellung wird von hinzukommenden Polizisten kurzerhand ohne eine inhaltliche Erklärung abgehängt. Auf die Frage nach dem Grund dieser Aktion reagiert die Polizei damit, den Angeklagten zu verprügeln, ihn auf den Boden zu werfen, ihn zu verletzen und ihm Handschellen anzulegen.

Soweit ein leider üblicher Vorgang – wäre da nicht ein spannendes Beweismittel: Das gesamte Geschehen wurde von der Polizei selbst auf Video aufgenommen. Noch vor Beginn des nun folgenden Prozesses (den Prozesssaal hatte der Angeklagte noch mit den Handschellen betreten) hatte die Polizei die Richterin bereits über das Geschehen vor dem Gebäude aufgeklärt, oder besser: Sie hatte ihre Version der Geschehnisse dargestellt. Da der Angeklagte vermutete, dass die Polizei das Videoband verschwinden lassen wolle, beantragte er kurzerhand dessen Beschlagnahme durch das Gericht. Erstaunlicherweise wurde dem zugestimmt und so kam es wiederum am folgenden Prozesstag zur Vorführung des Videos. Nun hatte die Polizei wie gesagt bereits ihre Version der Geschehnisse geschildert – nur war davon nichts zu sehen in dem Video; der Angeklagte hatte weder um sich getreten, noch in irgendeiner Form Widerstand geleistet. Er hatte sich passiv verhalten und sich verprügeln lassen. Insgesamt also ein klarer Beleg für die These des Angeklagten, dass immer wieder Polizeigewalt vertuscht und die Opfer mit haltlosen Anschuldigungen konfrontiert werden. Um genau solch einen Vorgang ging es schließlich in dem laufenden Verfahren.

Damit aber nicht genug: Noch stand die falsche Behauptung der Polizei im Raum, dieserAngeklagte hätte sie am Abnehmen der Ausstellung gewaltsam gehindert und um sich getreten. Deswegen erstattete dieser nun Anzeige wegen falscher Verdächtigung und Körperverletzung. Die Staatsanwaltschaft war nun am Zug und hätte ermitteln müssen. Statt sich aber selbst das Video anzusehen, beauftragte sie die Polizei (also die Beschuldigten in diesem Fall), den Inhalt des Videos zusammenzufassen. Diese Aufgabe übernahm dann auch prompt eine Polizistin der Abteilung Staatsschutz, die – wenig überraschend, aber dennoch skandalös – tatsächlich behauptete, das Video habe keine Tonspur und darauf ließe sich genau erkennen, dass der Erstatter der Anzeige getreten und gewalttätig Widerstand geleistet habe. Es gibt zwar auch eine Inhaltsangabe eines Anwalts, der sehr wohl eine Tonspur fand, aus der hervorgeht, dass es keinerlei Grund für die Aggression der Polizei gegeben hatte, aber die Staatsanwaltschaft schließt sich der Einschätzung der Polizei an und stellt die Verfahren ein. Das erfüllt den Straftatbestand der Rechtsbeugung und Strafvereitelung im Amt – auch hier wird Anzeige erstattet. Generalstaatsanwaltschaft und Oberlandesgericht lehnen die Beschwerden gegen die Verfahrenseinstellungen ab und das Verfassungsgericht nimmt den Fall nicht zur Entscheidung an – keine Chance also, obwohl alle Taten nachweisbar und dokumentiert sind.

Wer das immer noch nicht glauben kann, dem und der und überhaupt allen sei das Buch *Tatort Gutfleischstraße* aus dem SeitenHieb-Verlag empfohlen – eine erzählte Dokumentation dieser und zahlreicher weiterer Fälle von Polizei- und Justizvergehen. Insgesamt ergibt sich also das Bild einer Justiz, die ganz bestimmte Interessen – nicht zuletzt ihre eigenen – schützt. Oder wie es Christoph Spehr in seinem Buch *Die Aliens sind unter uns! Herrschaft und Befreiung im demokratischen Zeitalter* ausdrückt: »Aliens kann man nicht vor Gericht bringen. Sie organisieren die Regeln sozialer Systeme so, dass sie zu ihrem Vorteil sind, und deshalb brauchen sie nicht gegen die Regeln dieser Systeme zu handeln. Sie verstoßen nicht gegen Gesetze, sie machen die Gesetze. Die Macht besteht wesentlich darin, das Recht zu setzen, und daher lässt sich mit dem Recht wenig gegen die Macht ausrichten.«

## Widerstand ist zwecklos

Ein Gerichtsprozess steht an, und vor dem Gerichtsgebäude steht in großen, schwarzen Buchstaben »Widerstand ist zwecklos – Sie werden demokratisiert« auf dem Fußweg. Einigen wird es klar sein: Der Spruch ist eine Anspielung auf *Star Trek*. Darin gibt es die Spezies der Borg, die eigentlich nichts weiter zum Ziel haben, als ihr Kollektiv ständig zu vergrößern. Ihr Vorgehen klingt dann so: »Widerstand ist zwecklos – Sie werden assimiliert.« Das klingt aus einer Nicht-Borg-Perspektive willkürlich und nicht nachvollziehbar. Aus der Sicht der Borg spricht allerdings überhaupt nichts dagegen, Borg zu werden. Die Vorstellung, es könnte Wesen geben, die nicht zum Borg-Kollektiv gehören wollen, erscheint ihnen absurd. Damit wären wir wieder bei der Demokratie und dem Gerichtsprozess, denn genau das ist auch die Funktion von Gerichtsprozessen: Den angeklagten Personen soll vermittelt werden, dass es allen übrigen schleierhaft ist, wie sie ein so tolles System wie die Demokratie ablehnen können – und dass Widerstand dagegen ohnehin zwecklos sei und nun aus den betreffenden Menschen wieder durch und durch demokratische Menschen gemacht würden. Ohne Widerrede.

# 11

## Der Blick aus dem Fenster

Stellen Sie sich das einfach mal vor: Sie dürfen nur zu ganz bestimmten Zeiten ihren Raum verlassen und das Postgeheimnis gilt nicht für Sie. Einkaufen geht nur alle zwei Wochen und Geld ist ohnehin weniger da, als die meisten Grundschulkinder Taschengeld kriegen. Und Auswahl kann Mensch das auch nicht gerade nennen, was es zu kaufen gibt. Zum Überleben reicht, womit Sie zentral versorgt werden. Der Tagesablauf ist vorgeschrieben: früh aufstehen, essen, arbeiten, schlafen. Selten auch mal etwas frische Luft.

Was klingt wie ein schlechter Traum oder wie eine Passage aus dem Roman *1984*, ist Alltag für ungefähr 75 000 Menschen, die – so das Statistische Bundesamt – in deutschen Gefängnissen sitzen. Betroffen sind zusätzlich noch jene Menschen, die als psychisch krank definiert, entmündigt und anschließend eingesperrt werden. Bei diesen Menschen kommt noch hinzu, dass sie oft gegen ihren Willen die Psyche verändernde Medikamente zwangsverabreicht bekommen.

Nur kurz zum Thema Zwangspsychiatrisierung: Als es zum Beispiel in den USA noch gesellschaftlich anerkannte Sklaverei gab, wurden Menschen ebenfalls eingesperrt. Einige von ihnen haben versucht, wegzulaufen und der Sklaverei zu entkommen – verständlich aus heutiger Sicht und alles andere als »krank«. Dennoch gab es Ärzte, die diesen freiheitssuchenden Menschen eine Krankheit attestierten: Weglaufsucht. Die Absurdität, Freiheitsliebe als Krankheit abzustempeln, ist meiner Einschätzung nach vergleichbar mir der Absurdität, Menschen als »geisteskrank« und »nicht mehr gesellschaftsfähig« zu definieren, nur weil sie eben nicht so sind, wie es gemeinhin als »normal« empfunden wird. In einem Gutachten von drei Anwälten heißt es sogar, dass beispielsweise das Berliner Psychisch-Kranken-Gesetz nicht mit den Menschenrechten vereinbar sei.

### Exkurs: Ich in der Zelle

*Klar hab ich Kacheln gezählt. Klar war es scheiße. Natürlich wollte ich raus. Aber da war nichts als die Enge. Vier Seitenmauern, eine harte Matratze und eine Tür, die mit so einem ganz ekligen Geräusch ins Schloss fällt. Wenn es nicht echt wäre, die würden die Türen so konstruieren, dass sie dieses fiese Geräusch machen. So ein Geräusch wie aus schlechten Filmen. Ich hab gewusst, dass die Wahrscheinlichkeit, da drin zu landen, recht hoch ist. Und ich weiß in diesem Moment in der Zelle auch ganz genau, dass ich maximal ein paar Stunden hier sein muss. Und ich weiß auch – und das hilft ungemein –, dass ich eine erfolgreiche Aktion hinter mir habe. Es hat geklappt, wie wir es wollten. Wir haben einen Zug mit abgebrannten Brennelementen gestoppt. Einen Castortransport nach Frankreich. Für ein paar Stunden. In den Obstplantagen bei Stade. Ich weiß, dass Kacheln zählen nicht hilft. Ich tue es trotzdem. Ich versuche, an andere Dinge zu denken. Ich werde wenige Tage später Abiturprüfung haben. Deswegen hatte ich die letzten Tage auch frei und musste nicht einmal schwänzen für diese Aktion. Ich könnte auch daran denken, aber ich könnte auch wieder Kacheln zählen. Und ich entscheide mich für die Kacheln. Das Gemeine am Eingesperrt-Sein ist, dass du es glauben willst, wenn dir gesagt wird, du kämst in zwei Stunden raus. Du weißt, dass sie es sagen, damit es dir nach dreieinhalb Stunden so richtig mies geht und du bei der erkennungsdienstlichen Behandlung freiwillig mitmachst. Aber trotzdem machst du dir Hoffnungen. Du willst es glauben und darum ist es umso fieser, wenn es nicht stimmt. Hätten sie nichts gesagt, würdest du es leichter ertragen. Aber nicht so.*

*Aber ich kann sagen: Es wurde besser, jedenfalls bei mir. Beim zweiten und dritten Mal war es weniger schlimm. Ich habe Kraft gesammelt, ich habe keine Lust, mich davon kaputtmachen zu lassen, denn ich weiß, dass sie es machen, um mich zu brechen. Es hat nichts mit irgendwelchen Formalia zu tun, mich so lange nach einer Aktion dazubehalten. Es geht um Abschreckung, um Schikane. Denen ist klar, dass ich für eine Castor-Stopp-Aktion nicht in den Knast muss und das Verfahren entweder eingestellt wird oder ich eine Geldstrafe zahlen muss. Die wissen auch, dass es dafür Solidaritätsstrukturen gibt. Also ist ein effektiver Weg, Menschen abzuschrecken, sofort zu strafen. Und genau das passiert dann eben auch: Du wirst mitgenommen für das Aufhängen eines Transparentes und formal müssten sie dich nicht einmal mitnehmen. Sie könnten einfach deine Personalien aufnehmen und dich gehen lassen. Aber sie nehmen dich mit. Sie behaupten, sie müssten irgendwelche Formulare ausfüllen – aber in Wahrheit gibt es nur ein paar wenige Zettel, die mit gutem Willen in einer Viertelstunde ausgefüllt wären – aber du sitzt Stunden. Dabei gibt es in Deutschland doch Gewaltenteilung und Strafe darf nur durch die Judikative und nicht durch die Exekutive verhängt werden. Spätestens jetzt glaubst du daran nicht mehr – jedenfalls nicht so richtig.*

Wieder zurück zum Thema Knast: Angeblich soll den eingesperrten Menschen geholfen werden, sie sollen »resozialisiert« werden. Konkret: Sie sollen lernen, eigenständig und eigenverantwortlich zu leben und ihr Leben wieder selbst in den Griff zu bekommen – indem ihnen alles vorgeschrieben wird, was einem Menschen nur vorgeschrieben werden kann? Ich lerne, selbst Dinge zu planen, indem ich meiner Freiheit, irgendetwas selbst entscheiden zu dürfen, komplett beraubt werde? Ich soll wieder lernen, mit Menschen umzugehen, indem mein zwischenmenschlicher Kontakt auf ein Minimum reduziert wird?

Wenn Haftanstaltsleitungen der Ansicht sind, dass das »Vollzugsziel«, also ein Leben ohne Straftaten, gefährdet sei durch dass, was Menschen schreiben, kann es sein, dass Briefe nicht verschickt werden dürfen. In Amerika gibt es sogar Staaten, in denen Menschen, die ein Gewaltverbrechen begangen haben, das Wahlrecht aberkannt wird – lebenslang. Ich könnte diese Aufzählung noch lange fortsetzen, aber ich glaube, es ist klar geworden, worauf ich hinauswill: Den eingesperrten Menschen selbst bringt Haft keine Vorteile und birgt keinerlei Potenzial für eine positive Entwicklung.

Ob ich denn wirklich wollen würde, dass »all die Kriminellen frei herumlaufen«, werden mich jetzt Leute fragen. Ja, will ich. Weil ich nicht glaube, dass sich Probleme wegsperren lassen, und weil ich nicht glaube, dass Gefangenschaft Menschen »besser« macht. Früher entlassen wird, wer immer wieder beteuert, die eigene Tat zu bereuen, egal ob das nun stimmt oder nicht. Duckmäusertum und Lügen werden belohnt, wer sich gegen herabwürdigende Behandlung wehrt, wird gefängnisintern bestraft – im härtesten Fall mit Bunker. Nein, »Kriseninterventionsraum« heißt das korrekterweise. Was das ist? Eine kleine Zelle, gekachelt, vierundzwanzig Stunden lang beleuchtet, und darin liegt nur eine Gummimatratze. Dreiundzwanzig Stunden am Tag werden Menschen dann dort eingesperrt.

Die UN definiert Handlungen als Folter, bei denen Personen »vorsätzlich starke körperliche oder geistig-seelische Schmerzen oder Leiden« zugefügt werden, sofern diese Handlungen von einem Träger staatlicher Gewalt ausgehen und als Strafe dienen sollen. Aber da der Staat selbst definiert, was Folter ist und was nicht, wird er die eigenen Handlungen stets vom Vorwurf der Folter freisprechen.

Zurück zu der Forderung nach Abschaffung aller Gefängnisse: Ich glaube, Strafe schafft Kriminalität. Rückfallstudien belegen, dass mild bestrafte Menschen seltener rückfällig werden. Konsequent weitergedacht hieße das: Gar nicht bestrafen oder lebenslang einsperren. Eine spannende Vorstellung, lebenslang hinter Gittern zu sitzen für einen Ladendiebstahl im Wert von ein paar Euro, oder? Nicht attraktiv? Die Suizidrate ist in Gefängnissen übrigens ungefähr zehnmal so hoch wie draußen.

Das, was die Gefangenen im Knast in Zwangsarbeit produzieren, wird verkauft – Knäste werden teilprivatisiert, um Gewinn abzuwerfen, Gefangene werden also wertvolles »Humankapital« und das Unternehmen Knast entwickelt ein Interesse an möglichst vielen Gefangenen. Ein widerliches kleines Beispiel dieser Vermarktung: Die JVA Bruchsal druckt auf ihre Plastiktüten den Spruch: »Wir lassen Sie nicht sitzen …«

In Diskussionen erlebe ich oft, dass den Menschen im Gefängnis schlicht sämtliche Rechte aberkannt werden.

»Warum soll es denen denn gut gehen? Sind doch Kriminelle!« Mütter, die aus Elend und Armut ihre eigenen Neugeborenen umbringen? Menschen, die sich einen MP3-Player klauen, weil Hartz IV gerade einmal für Miete und Essen reicht? Menschen, die sich »Drogen« kaufen, weil sie mit ihrem Alltag nicht mehr umzugehen wissen?

Thomas Meyer-Falk, der zu lebenslänglicher Haft mit anschließender Sicherheitsverwahrung verurteilt wurde und in der JVA Bruchsal sitzt, kommentiert das wie folgt:

»Anfang Februar [2007] machten zwei aus Strafhaft entlassene Männer Schlagzeilen: der eine hatte in seinem vierzigjährigen Leben zwei Menschen getötet, der andere, zweiundvierzig Jahre alt, Kinder vergewaltigt. Beide saßen in Ostdeutschland in Haft, gegen beide konnte aus formaljuristischen Gründen keine Sicherungsverwahrung (SV) verhängt werden. Und da sie laut Gefängnisleitung hochgradig gefährlich sein sollen, überwacht man sie Tag und Nacht, was angeblich bis zu fünftausend Euro pro Tag koste. Selbst die *taz* sprang auf den panikschürenden Zug auf und titelte im Innenteil: ›Sehr gefährlicher Vergewaltiger frei – Er hat neun Mädchen gequält. Jetzt kommt er frei, weil die Sicherungsverwahrung erst später eingeführt wurde.‹ (*taz* vom 5. Februar 2007).«

Immer wieder werden genau solche Fälle angesprochen, wenn ich die Freilassung aller Gefangenen fordere. Ich könne doch nicht wirklich wollen, dass »diese Menschen« auf »uns« losgelassen würden. Sinkende Zahlen schwerer Gewalttaten und dennoch steigende Zahlen Inhaftierter stoßen leider meist auf taube Ohren. Die abstrakte Angst vor »den unglaublich vielen Kriminellen« ist auch in linken, sich selbst als emanzipiert definierenden Kreisen sehr viel weiter verbreitet, als Mensch es hier erwarten würde. Immer wieder wird der Ruf laut, Gefangene nur freizulassen, wenn sie erwiesenermaßen entweder explizit linke, politische Gefangene oder zumindest keine Nazis, Mörder, Sexualstraftäter oder Ähnliches seien. Und Letztgenannte würden nun bei aller *political correctness* wirklich hinter Gitter gehören – am besten für immer.

Thomas Meyer-Falk schreibt dazu weiter:

»Der Wunsch nach Bestrafung, Rache oder ähnlichem steckt vielleicht in allen von uns, aber anstatt aufgeklärt und eigenverantwortlich damit umzugehen, wird sich an einigen wenigen Extremfällen abgearbeitet.

Kaum jemand käme auf die Idee, nicht mehr Auto zu fahren, obwohl das Risiko, im Straßenverkehr zu Tode zu kommen, zigfach größer ist, als ermordet zu werden. Niemand fordert wegen der Toten auf den Straßen die Abschaffung der Autos, Busse und LKW. So wie die Verkehrstoten Extremfälle im Straßenverkehr darstellen, verhält es sich auch mit den Tötungsdelikten bezogen auf die Gesamtheit aller Straftaten.

Im Verlaufe der Aufklärung wurden Körper- und Todesstrafen zunehmend durch das Einsperren der Delinquenten ersetzt. Dies galt als die humanere Umgehensweise mit Menschen, die gesellschaftliche Normen übertraten. Auch heute gilt das ›Wegschließen‹ als im Grunde irgendwie akzeptabel, zumal jedermann (dank *Bild*) weiß, in den Knästen geht es zu wie in Hotels. Dass gerade lange Haft eine subtile Form der Todesstrafe darstellt, dies will vielen nicht einleuchten. Der Mensch hinter Mauern stirbt einen langsamen seelischen und oft auch körperlichen Tod. Die radikale Todesstrafe durch Fallbeil oder Strick wurde (weitestgehend) ersetzt durch das ›Einfrieren‹ des/der Verurteilten hinter Gittern und Stacheldraht. Zur moralischen Rechtfertigung wird dann auf Fälle wie die von Uwe K. und Frank O. – die eingangs skizziert wurden – Bezug genommen.

Ein echter Ausgleich zwischen Opfer und Täter (um diese beiden Begriffe einmal zu verwenden) kann und wird auf diese Weise nicht zustande kommen. In der kapitalistischen Logik hat alles seinen Preis: Im Falle des deutschen Bankmanagers Josef Ackermann kostete die Verfahrenseinstellung ihn ein paar Hunderttausend Euro, im Falle Peter Hartz' zwei Jahre Freiheitsstrafe auf Bewährung – und in vielen anderen Fällen zwei, drei, fünf, auch zehn, zwanzig, dreißig, vierzig Jahre Haft.

Weder Geldstrafe, noch Haftstrafe helfen jedoch den Opfern wirklich!

Täter wie Frank O. und Uwe K. sind eben nicht der Regelfall. Wer für Menschen wie sie (nachträgliche) SV fordert, muss sich im Klaren darüber sein, damit auch zig Menschen die Freiheit zu nehmen, die gerade nicht in dieser Form straffällig wurden (beispielhaft seien Heinz S. und Ralf Sch. erwähnt. Letzterer seit nunmehr sieben Jahren in SV wegen Einbrüchen mit einem Schaden von ca. 20000 Euro, keinerlei Personenschäden. Und Heinz S. wird im ungünstigsten Fall 2008 seine SV antreten müssen, auch ein Einbrecher, ebenfalls keine Personenschäden. Da er fünfundsechzig Jahre alt ist, nun schon seit zehn Jahren in Haft – Strafhaft – sitzt, kann er sich ausmalen, was ihn in der SV erwartet, wenn er sich die Situation des erwähnten Ralf vor Augen führt).«

Thomas Meyer-Falk beendet seinen eindringlichen Artikel mit den Worten:

»Ich behaupte nicht, dass es eine einfache Lösung gibt; Knäste jedenfalls sind keine Lösung. Für deren Abschaffung muss weiterhin gekämpft werden: Von innen heraus, d.h. seitens der Inhaftierten, und auch von draußen. Denn ohne moralische wie auch tatkräftige Hilfe von draußen sind jene, die hinter Gittern sitzen, letztlich verloren.«

Weil ich dem nur zustimmen kann, an dieser Stelle die Aufforderung, zu Zettel und Stift zu greifen, über den eigenen Schatten zu springen und Gefangenen zu schreiben. Das empfehle ich nicht nur, weil ich Brieffreundschaften für sehr bereichernd halte und ich mich persönlich immer sehr über kreative, liebevolle und persönliche Post aus dem Knast freue, sondern vor allem, weil nur greifbar wird, wie der Alltag hinter Gittern aussieht, wenn wir lernen, jene hinter den Mauern als Menschen zu betrachten.

*Tipps und Links zu Adressen von Gefangenen finden sich im Anhang*

# 12

## Von der Revolution im Kleinen

### Was Krankenhäuser und Züge gemeinsam haben

Alle kennen solche Situationen und können eigene Erlebnisse erzählen: Von vollen Zügen, von inkompetenten Schaffnerinnen, von angeblich nicht geltenden Fahrkarten und Fahrradkarten, von abgelaufenen Geltungszeiträumen, kaputten Automaten und unverständlichen Durchsagen, vollen Bahnhöfen und teurem Essen beim Umsteigen. Oder von Krankenpflegern, die sich als Nachtschwestern vorstellen, Ärzten, die bei der Visite das erste Mal einen Blick in die Krankenakte werfen, Pflegepersonal, das keine Namen aussprechen kann und andauernd nur auf Chefärzte verweist, und von Krankenhauscomputern, die falsches Essen zuteilen und sich dann nicht mehr umprogrammieren lassen. Was wir erleben, regt uns auf – es bricht mit unserer Normalität, es entspricht nicht unseren Vorstellungen, wie Dinge »funktionieren oder schlicht sein sollten«. Wer Zeit in Zügen oder Krankenhäusern verbringt, hat oft das Gefühl, über all das, was dort vorgeht, ganze Bücher schreiben zu können. Das ist dann zum einen eine Beschäftigung für die Zeit des Zugfahrens oder Sich-im-Krankenhaus-Langweilens, aber zum anderen ist es auch ein Verarbeitungsprozess. Menschen beginnen über das Erlebte nachzudenken, die Funktionsweisen und Abhängigkeiten zu durchleuchten und sich ihr eigenes Bild der Lage zu machen. Sie fangen an, infrage zu stellen, ob das, was Chefärzt_innen und Schaffner_innen sagen, immer stimmt oder ob nicht auch andere Interessen das Handeln der jeweiligen Autoritätspersonen motivieren könnten. Ich will nicht über Krankenhäuser und Zugfahrten schreiben – jedenfalls nicht so direkt. Was bei vielen Menschen durch Züge und sterile Zimmer ausgelöst wird, das schaffen bei mir andere Situationen. Meine Bahnhöfe sind Personenkontrollen durch die Polizei, meine Krankenhäuser sind homophobe Sprüche im Alltag …

Nicht dass ich glaube, es sei sinnvoll oder machbar, die Menschen in klar trennbare Kategorien zu unterteilen. Nicht dass es für mich irgendwie besonders wichtig wäre, ob ich nun »normal« bin oder nicht. Dennoch möchte ich ein paar Dinge beschreiben und vorstellen, die mich abheben von vielen. Ich möchte von Dingen berichten, die Menschen, die sich als »normal« begreifen, meist fremd sind. Christoph Spehr nennt sie »Zivilisten«. Er charakterisiert sie treffend mit den Worten: »Alles muss man ihnen erklären: wieso Institutionen Menschen korrumpieren; wieso es kein Zufall ist, dass kritische Leute selten Jobs bekommen; dass man Rechnungen nicht zahlen muss, bevor die zweite Mahnung kommt; (…); dass man besitzschwächeren Menschen Geld leiht, aber nur, wenn man's nicht unbedingt zurück braucht.«

»Das«, so höre oft in Gesprächen, »ist doch alles so kompliziert.« Und »ob ich mir denn ständig um alles Gedanken machen müsste«. Dazu zwei Sachen: Zum einen würde ich mich unwohl fühlen, würde ich die Dinge nicht kritisieren, die in meinem Umfeld passieren. Ich würde leiden unter dem Gefühl, so vieles nicht angesprochen zu haben. Es still zu schlucken würde mich weit mehr quälen, als es anzusprechen und zumindest versucht zu haben, einen Veränderungsprozess anzustoßen. Und zum Zweiten: Zu behaupten, Dinge infrage zu stellen sei schwer, ist oft das Argument derer, die es nicht ausprobiert haben. Der schwierigste Schritt ist hier in meinen Augen oft der allererste: Sich selbst zu erlauben, diese kritischen Fragen einfach mal zu formulieren und in den Raum zu stellen. Das Schwierigste ist nicht die Auseinandersetzung, die danach kommt, sondern die Überwindung, Abläufe nicht einfach als gegeben hinzunehmen. Ein erstes Mittel gegen Ohnmacht ist, Dinge offen zu thematisieren. Und die Routine im Eintreten für die eigenen Positionen kommt bei keinem Menschen von jetzt auf sofort, aber diesen Lernschritt kann Mensch nicht theoretisch gehen, sondern nur praktisch – immer und immer wieder. Ich resigniere auch deswegen nicht, weil ich für mich den Eindruck gewonnen habe, dass nicht ich verrückt, unlogisch, menschenfeindlich oder ungerecht bin, sondern die Verhältnisse. Womit ich mich aber nicht davon freisprechen will, dass auch ich einen Teil dieser Verhältnisse immer reproduziere. Mir das bewusst zu machen bietet aber auch die Chance, es zu ändern. Wie, wenn nicht so? Und wann, wenn nicht jetzt sofort?

## Kein Fernsehen?
## Was machst du denn den ganzen Tag?

Nein, ich besitze kein Fernsehgerät. Was lohnt sich denn noch anzugucken? Und was davon gibt es nicht online? Und mal im Umkehrschluss: Bedeutet die Frage, dass die anderen den ganzen Tag vor dem Fernseher verbringen? Und wenn ja, sollten sie dann nicht besser sich selbst fragen, was sie da eigentlich machen? Und überhaupt ist mir mein Leben viel zu schade, um mich den ganzen Tag berieseln zu lassen mit hohlem Unfug. Mit oberflächlichem, langweiligem und/oder sensationsgeilem Nonsens. Haben die Leute denn alle kein eigenes Leben mehr? Ich jedenfalls habe genug echte Konflikte und brauche keine Daily Soap, um mich in anderer Leute Probleme hineinzudenken. Da hab ich doch lieber einmal mehr ein offenes Ohr für die Konflikte und Probleme meiner Mitbewohner_innen und Freund_innen.

Die sind schließlich echt und können mich wirklich brauchen. Und ich sie. Aber eigentlich muss ich das den Leuten nicht erklären, denn über die Hälfte von dem, was sie sich da angucken, ärgern sie sich danach ja selbst. Du beschwerst dich über schlechtes Programm und langweilige Sendungen? Und du ärgerst dich über dich selbst, mal wieder vor dem Bildschirm hängen geblieben zu sein? Und darüber, dass du doch schon lange mal wieder ein Buch lesen wolltest? Und dass du so wenig Freund_innen hast, mit denen du dich so richtig unterhalten kannst ... Nein, Letzteres liegt natürlich nicht nur am Fernsehkonsum, aber ich jedenfalls habe mich entschieden, das Gerät zu verschenken – damit habe ich dann der beschenkten Person und mir selbst eine Freude gemacht. Wobei ich den Fernseher vielleicht auch als angekündigte konsum- und werbungskritische Aktion aus dem Fenster hätte werfen können – vielleicht wäre das besser gewesen ... vielleicht hätte sogar ein Fernsehteam darüber berichtet?

## Meine Freund_innen und der Biowein ...

Wir stehen im Laden und wollen noch einen Wein kaufen. Ich maule und will Biowein, die anderen maulen und wollen die zwei Euro mehr nicht ausgeben. Wein, so argumentiere ich, sei ein Luxusprodukt, und wenn Luxus, dann doch wenigstens richtig. Und am Ende ist es eben manchmal der Biowein und manchmal nicht und in jedem Fall ein netter Abend.

Tage später sitze ich dann mal wieder vor dem Computer und meine Gedanken wandern zur Auseinandersetzung um den Wein. Ich gehe auf die Greenpeace-Homepage und stoße auf genau das Ergebnis, das ich erwartet habe: Greenpeace hat Weine getestet, und in konventionellen Weinen sind weitaus häufiger Pestizide drin. Ich schicke den Link dazu einfach mal weiter und weiß genau, dass es die nächsten drei Wochen Biowein geben wird und meine Argumente danach wieder irgendwo im Hinterkopf abgelegt werden. Einziges Fazit bleibt also: Wenn ich einkaufe, gibt es Biowein und doofe Kommentare von den anderen, und wenn sie einkaufen, gibt es doofe Kommentare von mir. Und vielleicht ändert sich doch irgendwas was in den Köpfen.

Immerhin muss ich an solchen Abenden nicht, wie Spehr es ausdrückt, erklären, »dass das Leben Spaß machen kann, obwohl wir Postmoderne haben« und das 21. Jahrhundert Schwierigkeit genug ist.

## Wenn ich nicht tanzen kann, ist es nicht meine Revolution!

Hier nun ein großes Dankeschön an die Menschen, die mir Musik nähergebracht haben, manchmal auch an solchen Abenden mit dem ein oder anderen Gläschen Wein. An so sympathisch verrückte, ewig junggebliebene Künstler_innen wie Klaus, Dota, Jörg, Georg, Saschi und all die, die ich nun vergessen habe …

An Menschen, die mit neunundsechzig Jahren noch Straßenmusik machen, an Künstler, die mir selbstverständlich in ihrem Auto, ihrem Zuhause, morgens einen Kaffee kochen; an Musiker, die mir ihre Backstagekarte zustecken, damit ich Zugang zum Cateringbereich bekomme; an Leute, die sich unglaublich über neu erstandene Instrumente freuen können und spontane Sessions in Kneipen machen; an Menschen, die sich freuen, wenn sie mich im Publikum entdecken. Und nicht zuletzt an Gruppen, die wie selbstverständlich fragen, ob ich nicht in der Pause oder als »Vorband« jonglieren möchte. An die Menschen, für die es trotz aller Professionalität immer klar ist, dass sie zu den Protesten gegen den G8-Gipfel oder die Castortransporte fahren, um dort zu spielen.

Was das in einem Buch über das »Welt-Retten« verloren hat? Jede Menge. Weil Widerstand ohne Musik keinen Spaß macht. Weil ich für eine bunte, lebendige, kreative Welt kämpfe und es notwendig ist, diesen Kampf mit Farben und Freude und Spontaneität zu füllen. Weil ich mich lieber auf die Straße setze, wenn ich weiß, dass mich dort ein Konzert erwartet. Weil ich Kraft daraus ziehe, wenn ich in der Vorbereitung einer Aktion stecke und Menschen für mich Musik machen. Musik, die ohne Sexismus und Rassismus auskommt. Politische Musik, die es schafft, politisch zu sein, ohne blöde dogmatisch zu sein. Und weil Musik mich mit Menschen zusammenbringt, die ich sonst wohl niemals getroffen hätte. Und genau dort entsteht dann möglicherweise Veränderung, weil ich mit Menschen in Kontakt komme und mit ihnen meine Utopien diskutieren kann. Weil Musik ein Weg sein kann, Menschen zu animieren, sich die Frage nach der eigenen Emanzipation und Befreiung aus Herrschaftsverhältnissen überhaupt zu stellen.

Es ist lange her, aber ich erinnere mich noch gut daran: Ich komme von der Schule nach Hause, es riecht nach Essen und ich höre Hannes Wader aus dem Wohnzimmer. Mir ist klar, was das bedeutet: Putztag. Meine Mutter hört Arbeiterlieder, wenn sie putzt. Sie meint, das würde am besten passen. Seitdem verbinde ich die »Moorsoldaten« – jedenfalls in der Version von Hannes Wader – immer mit Putzen. Ich glaube, das war so nicht unbedingt der schlechteste Weg, einen Zugang zu Kampfliedern zu finden. Wiedergehört habe ich diese Lieder dann später auf dem Pressefest von DKP und UZ, also der Kommunistischen Partei und ihrer parteiinternen Zeitung. Da reichte der Elan der Hörenden aber leider nur zum Mitsingen. Ein seltsames Gefühl jedenfalls, wenn ich nun an einem Lagerfeuer sitze und bei den Liedern, die revolutionär gemeint sind, an den Hausputz denken muss, aber so ist es eben …

»Revolution« habe ich in der Überschrift geschrieben. Ich bin gar nicht so sicher, ob es das richtige Wort ist. Ich glaube »radikale Transformation« trifft es besser. Klingt aber sehr akademisch und irgendwie nicht so recht fassbar. Was das aber meint – oder besser, was ich meine, wenn ich diesen Ausdruck verwende, ist eine Veränderung des Bestehenden. Es beschreibt sehr weitreichende und grundlegende Veränderungen. Diese müssen aber nicht in allen Lebensbereichen notwendigerweise einen Umsturz alles Bestehenden bedeuten, sondern können in manchen Situationen auch darauf aufbauen und daran anknüpfen. Und außerdem denken bei diesem Begriff weniger Menschen an große Demos mit wehenden Fahnen und irgendwelchen Helden.

Naturgemäß ist es anstrengend und schwer, radikale Veränderungen im Alltag mitzudenken bzw. Widerständigkeit in den Alltag hineinzutragen, und ein »Richtiges im Falschen« gibt es ohnehin nicht. Aber dennoch glaube ich daran, dass es viele Kleinigkeiten gibt, die sich verändern lassen, auch wenn Mensch einen Vierzig-Stunden-Job hat oder drei Kinder.

### Alltagssituation S-Bahnfahren

Ich finde Schwarzfahren richtig. Ich bin aber ganz oft zu feige. In manchen Verkehrsverbünden oder Verkehrsmitteln weiß ich, wie kontrolliert wird, und dort habe ich meine Gegenstrategien entwickelt, aber ich kaufe mir eben doch viel zu oft noch eine Fahrkarte. Und dann sitze ich da im Zug und es kommen Kontrolleure. »Die Fahrausweise, BITTE« – nach einer Bitte klingt das nun nicht gerade, sondern vielmehr nach einem Befehl. Ich jedenfalls krame möglichst lange in meiner Tasche – ich hab ja ein Ticket und suche vor mich hin, während ich lautstark darüber rede, dass ich es total sinnvoll finde, schwarzzufahren, und dass ich Befehle überhaupt nur sehr ungern befolge und Zwangsmittel nicht mag. »Das ist doch total unsolidarisch, schwarzfahren!«, pöbelt mich dann jemand an. Genau das wollte ich: Ich unterbreche meine Suche nach meinem Fahrschein und wende mich der pöbelnden Person zu: Nein, eben das fände ich nicht, immerhin würden allein die Werbeeinnahmen des Verkehrsverbundes reichen, um den Transport kostenfrei zu gestalten. Es ginge um Gewinne und nicht um das Bereitstellen einer Dienstleistung. Die Preise orientieren sich nicht an den Ausgaben und den realen Kosten, sondern sind so kalkuliert, dass am meisten Gewinn dabei herauskommt. Dementsprechend würde es auch nicht stimmen, dass Schwarzfahren auf Kosten der weiteren, zahlenden Passagiere ginge, sondern schlicht zu Lasten des Verkehrsunternehmens. Und immerhin hätte ich die Vision einer kostenfrei funktionierenden Mobilitätsinfrastruktur für alle. In meiner Utopie können Menschen mobil sein, wann immer sie es wollen. Abgesehen von der inhaltlichen Vermittlung und dem großen Staunen darüber, dass ich ja nun doch eine Fahrkarte habe, hat mein Verhalten so vielleicht zumindest einer schwarzfahrenden Person etwas Ärger erspart. Wie wäre es, bei der nächsten Kontrolle etwas länger nach dem eigenen Fahrschein zu suchen?

### Meine Art des Billigfliegens

Ich will mal wieder verreisen – an das andere Ende Deutschlands oder auch nur zu einer Party in Hamburg. Ich stehe also früh auf und mache mich auf den Weg zur Autobahn. Ich gehe zu einer Tankstelle oder zu einer Raststätte und frage die Menschen, in welche Richtung sie fahren und ob sie mich ein Stück mitnehmen könnten. Und wenn die Person klein, blond und weiblich ist, geht das Ganze sehr einfach. Ich lasse mich dann von Raststätte zu Raststätte mitnehmen und meistens funktioniert das auch recht gut. Immer wieder muss ich die Frage beantworten, ob ich denn keine Angst hätte, so ganz allein. Das ist eben der Nachteil von klein und blond. Ich erzähle dann meistens von Erlebnissen in fast leeren Regionalzügen, wo mir Menschen näher kamen, als es mir lieb war; und dass es natürlich nicht gefahrlos ist und ich auf meine intuitive Menschenkenntnis vertraue bei der Sache; dass ich natürlich weiß, dass es naiv ist zu glauben, mir könne nie was passieren, weil mich meine Intuition nie im Stich lässt; dass ich aber nur die Alternative sehe, mich zu Hause in mein Zimmer zu setzen und nicht mehr unterwegs zu sein. Übrigens glaube ich, dass es, rein kriminalistisch betrachtet, ziemlich unwahrscheinlich ist, dass mir beim Trampen was passiert. Immerhin werden die Leute, bei denen ich einsteige, an jeder Raststätte auf Video aufgenommen, und keiner der Menschen, die mich mitnehmen, weiß, ob ich nicht eine SMS mit dem Kennzeichen abgeschickt habe, bevor ich eingestiegen bin. Die einzige Gefahr, die also noch bleibt, sind Menschen, die solchen Argumenten gegenüber taub sind und mir spontan etwas antun wollen. Und da sind wir dann wieder an dem Punkt, dass ich mich zu Hause einschließen müsste, damit mir nichts passiert ...

Viel spannender am Trampen als diese immer gleichen Fragen sind die Ausreden, weswegen ich nicht mitgenommen werde. Ich finde es vollkommen in Ordnung, wenn mich Menschen nicht mitnehmen wollen und Angst haben. Ich halte diese Angst zwar für irrational, weil ja auch ich beim Einsteigen durch Kameras aufgenommen werde und es sicherlich pfiffigere Wege gibt, Menschen beispielsweise um ihr Hab und Gut zu bringen, finde es aber vollkommen legitim, wenn mir Menschen sagen, dass sie mich nicht mitfahren lassen. Was mich nervt, sind unehrliche Antworten. Auf die Frage, ob mich Menschen ein Stück mitnehmen könnten, mit »Ich fahre gleich die nächste Abfahrt runter« zu antworten, zum Beispiel. Ja, klar kann das sein, aber es wäre nicht sonderlich klug, dann an der letzten Autobahntankstelle anzuhalten, um nochmals extra teuer vollzutanken. Und die Aussage kommt dermaßen oft, dass ich mich frage, wie viele Mega-Events in Siebenhundert-Seelen-Dörfern an nächsten Abfahrten hierzulande eigentlich stattfinden.

Schön ist auch die Antwort: »Natürlich nehme ich keinen mit«, die kombiniert ist mit einem abwertenden Blick, der mich einmal von oben bis unten scannt. Oder der bedauernde Blick auf die Rückbank des Managers, wo eine Aktentasche liegt, und dazu der Spruch: »Ich würde Sie ja gern mitnehmen, aber meine Auto ist leider schon voll.« Harhar. Oder, mein absoluter Favorit: »Ja, dich würde ich mitnehmen, aber deinen Freund nicht auch noch, das halten meine Stoßdämpfer nicht aus.« Selten so gelacht.

Wenn ich das alles hinter mir habe und mich irgendwer einsteigen lässt (manchmal nach längeren Umbauphasen, damit mein Rucksack und meine Jonglierkeulen neben die teuren Angelruten noch in den schicken Sportwagen passen), lerne ich dann die unterschiedlichsten Menschen kennen. Ehemalige Polizisten, die Antigewalttrainings eingeführt haben, Leute, die davon leben, Sexveranstaltungen für frustrierte Manager anzubieten, Metal-Bands auf Drogen, Handwerker, die sich über die absurdesten Sicherheitsvorkehrungen beim Bau der amerikanischen Botschaft beklagen, und Banker, die sich Chamäleons zu Hause halten. Einmal bin ich im Dienstwagen eines Millionärs mitgefahren, dessen Chauffeur mir erzählte, sein Chef sei doch lieber geflogen, von Frankfurt nach Hamburg. Der Wagen war gepanzert und wog ungefähr vier Tonnen. Nach dem Spritverbrauch habe ich dann besser nicht gefragt …

## Essen gehen

Klar kann ich es mir leisten, mit Leuten essen zu gehen. Ich gehe aber zu einer »Vo-Kü«. Für mich Teil meines Alltags, für andere wohl ein Fremdwort. Volx-Küchen kochen für viele Menschen und ich bezahle nach Selbsteinschätzung. (Die Schreibweise ist übrigens beabsichtigt, um sich vom negativen Begriff des »Volkes« abzugrenzen.) »Das ist doch Massenfraß und kann nicht schmecken«, höre ich Leute sagen. Ich muss bei Massenfraß eher an McDonald's denken ... Ich kann keinem Menschen vorschreiben, sich statt der mager belegten Tiefkühlpizza von Lidl Couscous mit frischem Salat und Gemüse zu gönnen. Mir jedenfalls ist das lieber. Und gemeinsam kochen ist auch cool. Und billiger allemal. Nur ist es eben nicht normal, dass Menschen miteinander kochen. Zu Hause kochen ist in Ordnung und »essen gehen« ist auch angesehen. Aber weggehen und mit vielen Leuten kochen passt nicht in das bestehende Konzept von »Normalität«. Das sollte es allenfalls mal bei einem Jugendzeltlager geben, aber doch nicht einfach so. Warum eigentlich nicht?

## Wut zu Widerstand

»Eine Frau will begehrt werden«, heißt es da in einem Film. Und wahrscheinlich nehmen es die meisten Leute einfach so hin. Hallo da draußen? Glaubt ihr das wirklich? Oje, sie glauben es wirklich ... Da steht in dusseligen Mode- oder Musik- oder Frauen- oder Was-weiß-ich-Zeitschriften, dass Frauen begehrt werden wollen. Also ist das so. Und was damit suggeriert wird: Frauen, die begehrt werden, seien glücklicher. Zugegeben, es ist einfacher, Menschen zu finden, die bereit sind, sich auf One-Night-Stands einzulassen, wenn das Gegenüber dem eigenen Schönheitsideal entspricht. Aber mal ehrlich: Geht es darum im Leben? Mich rausputzen und anmalen, damit Menschen auf mich abfahren? Und verdammt noch mal: Warum sollten andere besser wissen als ich selbst, was ich will? Tatsächlich kann es fürchterlich sein, sich einsam zu fühlen, keinen Menschen zum Anlehnen zu haben und dann nur ausgelacht zu werden. Ausgelacht, weil alle sagen: »Ach, du als Frau könntest doch alle haben.« Na, danke. Was hab ich davon, dass es Leute gibt, die mit mir ins Bett gehen würden, wenn ich Nähe suche? Wenn ich mich geborgen fühlen will und es nicht auf Small Talk und Sex abgesehen habe? Wenn Menschen meine Bedürfnisse nicht ernst nehmen, weil sie eifersüchtig sind auf mein vermeintlich »besseres« Aussehen? Und obendrein dieses Konzept von zwei Geschlechtern, die erstens klar trennbar und zweitens auch noch grundverschieden seien. Was für ein gnadenloser Unfug, der da jeden Tag reproduziert wird. Aber dabei sind nicht ganz abstrakt »die Medien« die Bösen. Nein, das ist leider ganz tief verankert, und Menschen, die daran glauben, reproduzieren eben immer wieder, was sie glauben. Jeden Tag, überall. Mit einem Augenzwinkern wird gesagt: »Ach, Männer sind halt so«, und die vermeintliche Tatsache, dass »Männer eben so seien«, entschuldigt verachtendes Verhalten. Nach Lösungen von Konflikten oder Verhaltensänderungen wird nicht mehr gestrebt. Alles ist so, wie es immer war und wird so auch bleiben, weil es eben immer schon so war. Deswegen an dieser Stelle die Frage: Warum nicht mal hinterfragen, ob wirklich immer alles stimmt, was uns so erzählt wird?

Mir fällt dazu eine passende Gedichtzeile ein: »Kraft entsteht aus Lebendigkeit. Nicht aus Alltag.« Mit Normalität zu brechen ist gar nicht so schwer, wie es in der Theorie klingt, und der Versuch ist es wert …

Normalität! Was für ein Stichwort … Wie mich das manchmal ankotzt! Ich wollte nur diese Party genießen und ein Freund setzt sich zu mir. Wir spielen Kicker und freuen uns über Cocktails. Mal wieder eine von vielen Solidaritäts-Partys. Ist aber auch egal, wir hätten uns auch andernorts treffen können. Er beginnt mit Small Talk und ich kriege nach wenigen Minuten das Gefühl: Eigentlich geht es um etwas ganz anderes. Ich bohre nach und was ich höre, stimmt mich wütend, traurig und hilflos. Er ist homosexuell und kriegt jeden Tag blöde Sprüche ab. Und Zivilcourage scheint für Menschen in seinem Umfeld ein Fremdwort zu sein. Ich bin hilflos ob der Situation – das bin ich eigentlich selten. Was mich hilflos macht, ist die Tatsache, dass ich hier nicht ein fassbares und damit angreifbares Gegenüber habe, sondern damit konfrontiert bin, dass ganz viele Menschen sich menschenverachtend verhalten. Ich bemühe mich, für ihn da zu sein, mehr fällt mir da leider auch nicht ein. Der Absatz endet nicht mit einer Frage, sondern so was wie einem Appell: Schreitet ein, wenn homophobe Sprüche fallen, denn es geht niemanden etwas an, wie sich eine Person anzieht und in wen sie sich verliebt und mit wem sie ins Bett geht.

Bah! Wie widerlich ... ich treffe auf einer Party einen Typen, der mir doch tatsächlich erzählt, die alten Griechen hätten recht gehabt damit, Homosexualität zwischen Männern gutzuheißen und zwischen Frauen nicht. Der Typ studiert BWL und erklärt seine dämliche Meinung dann auch noch mit skurrilen Marktlogiken. »Dem Markt« würden so gleich mehrere »männliche Personen fehlen«, argumentiert er. Und als ich kritisch nachfrage, will er wissen, ob ich etwa »homo« sei. Ich bin der Meinung, dass das an dieser Stelle nichts zur Sache tut, und antworte, dass ich die Kategorisierung für Unfug halte. Er meint: »Dann bist du also so eine von denen.« Ich finde das eine ziemliche Frechheit und kontere, dass es ihn nichts angeht, ob ich mit Menschen ins Bett gehe, die er als Männer oder als Frauen kategorisiert. Er meint, er wolle sich aber zuordnen. Ich erwidere, dass er sich ja meinetwegen zuordnen soll, ich es erst dann fatal finde, wenn Menschen es nicht akzeptieren, dass andere sich nicht zuordnen wollen. Ja, genau so sei er, er würde das nicht akzeptieren.

Im Grunde geht es mir hier nicht um den Verlauf solcher Diskussionen, sondern vielmehr um das, was es mit mir macht. Ich bin nach Hause gegangen und war ganz schön sauer wegen solcher menschenverachtender Positionen (er hatte mir sogar zugestanden, dass er an meiner Stelle das Ganze auch anders sehen würde und es in Ordnung fände, wenn ich Homosexualität zwischen Frauen o.k. fände, aber eben nicht zwischen Männern). Selbst wenn das meiste davon Provokationen waren, dann war ein geringer Teil immer noch absoluter Müll. Ich habe jedenfalls gegrübelt, was das nun mit mir macht und ob ich jemals wieder auf Partys gehe, auf denen ich keine Leute kenne und darauf angewiesen bin, neue kennenzulernen. Aber ich glaube, dass mich das nur so hilflos gemacht hat, weil ich allein war. Und das war dann der Moment, in dem ich mich geärgert habe, keine Kreide dabeizuhaben. Denn genau jetzt »Homophobie angreifen« auf die Straße zu schreiben, wäre richtig gewesen. Ich mache mich schließlich nur selbst kaputt, wenn ich solche Erlebnisse in mich hineinfresse. Deswegen gilt: Wut zu Widerstand!

Zur Rolle »normaler«, also heteronormativer, romantischer Zweierbeziehungen schreibt Christoph Spehr passend: »Die Romanze steht hartnäckig für die Ideologie, dass nach der Entdeckung der Eigenständigkeit, dem Zeitalter der Trennungen und widersprüchlichen Geschichten, endlich mal alles heimkehren müsse in den Schoß einer großen Einheit: Der einen Beziehung, der einen Partei, der einen Wahrheit. Muss es aber nicht und wird es nicht. Wir dürfen erwachsen bleiben und an unserer Geschichte festhalten. Die Einheiten der Zukunft werden zögerliche, vorsichtige, von Respekt und einem informierten Selbstverdacht geprägte Beziehungen sein.«

Ich persönlich teile diese Ansicht von Beziehungen als Annäherungsversuche, die niemals auffangen können, was uns Hollywoodfilme weismachen wollen. Beziehungen haben nicht den Zweck, das funktionierende, harmonische Gegenstück zu einer schlechten Welt zu sein. Vielmehr gilt es in Beziehungen genauso, Verhalten zu hinterfragen, Möglichkeiten auszuschöpfen, Bedingungen zu formulieren und auf Bedürfnisse einzugehen.

»Kommunikation und andere schlechte Ratschläge für eine andere Beziehungspraxis« heißt der Text von Espi, anhand dessen ich versuchen möchte, ein wenig zu erklären, was mir in Beziehungen – welcher Art auch immer – wichtig ist (enthalten in dem Buch *Beziehungsweise frei*).

Darin heißt es: »Sich jenseits von Zweierbeziehungen, Vorgaben und Geschlechterrollen aufeinander beziehen – das hört sich schön an. Wer den Versuch wagt, diese Utopie auch umzusetzen, wird in der ›Praxis‹ mit vielen Problemen und Widersprüchen konfrontiert sein. Das ist nicht überraschend – aber für viele lähmend, anstrengend. Die Schwierigkeiten sind dabei so vielfältig wie die Menschen selbst. Und auch aus prinzipiellen Erwägungen kann es gerade keine ›Anleitung‹ für unnormierte Begegnungen geben, die den jeweils individuellen und konkreten Wünschen entspringen. Dennoch unterbreitet dieser Text ein paar schlechte Ratschläge, auf die du vielleicht zurückgreifen magst … oder auch nicht.«

Ich will keine Beziehungen in vorgegebenen Mustern führen. Wenn ich jemanden mag, dann gibt es als Option für mich mehr als das klassische »Beziehung« oder »Nicht-Beziehung« im Sinne von »fester Partnerschaft« oder eben nicht. Das sprengt aber schon jede Menge Konventionen, die uns in unserem Alltag immer wieder begegnen und die auch wir verinnerlicht haben und ständig reproduzieren. Mein

Anspruch an den Umgang mit allen Menschen, die mir wichtig sind, ist der Versuch gleichberechtigter Kommunikation. In dieser Kommunikation muss es immer explizit darum gehen, zu thematisieren, welche Erwartungen, Hoffnungen und Wünsche die Beteiligten gerade in der konkreten Situation haben. Es müssen auch Grenzen und Ängste angesprochen werden können, und es muss jederzeit in Ordnung sein, auch die Kommunikation selbst zum Thema zu machen und sich über das »Wie« des Reflektierens auszutauschen. Wenn das klappt – und ich kann nur davor warnen, das zu locker zu nehmen, denn das Konzept liest sich deutlich einfacher, als es sich umsetzen lässt –, dann sind Grundsteine gelegt, um sich über Bedürfnisse auszutauschen, neue Bedürfnisse zu entdecken und sich gegenseitig Feedback zum Umgang miteinander zu geben. Außerdem bietet dieser Ansatz auch die Möglichkeit, festgefahrene Rollenbilder, Verhaltensweisen und Hierarchien offenzulegen und zu hinterfragen. Das ist sicherlich kein einmaliger, sondern ein stetiger Prozess. Und mit rosaroten Wölkchen hat dieser Weg auch nichts zu tun – im Gegenteil: Er ist anstrengend und steinig.

Über möglichst vieles zu reden ist allerdings nicht gleichbedeutend mit »über alles verhandeln«. Bedürfnisse von Menschen sind verschieden und so ziehen sie ihre persönlichen Grenzen unterschiedlich. Das zu respektieren ist für mich keine zu diskutierende Frage, sondern Grundlage von Beziehungen.

Dazu stellt der erwähnte Text aus der Veröffentlichung *Beziehungsweise frei* fest:

»Gerade in Bezug auf sexuelle Nähe (ja, auch das ist nur eine sprachliche Hilfskonstruktion …) erscheint Kommunikation schwierig. Zum einen ist es schwer, für sich selbst klar zu kriegen, was die eigenen Wünsche sind – da diese ja nicht frei von Normierungen sind. Es fehlt teilweise einfach die Übung darin, Bedürfnissen nachzuspüren, ohne diese in Kategorien zu pressen. Dabei kann es ganz schön spannend sein, sich selbst Fragen wie ›Was fasziniert mich an dieser Person?‹ oder ›Was wünsche ich mir gerade?‹ zu stellen – auch oder gerade weil keine eindeutige Antwort zu erwarten ist.

Zum anderen ist es in der dominanten Kultur nicht üblich, offen über Anziehung, Bedürfnisse nach Nähe oder Sexualität zu reden, geschweige denn darüber zu ›verhandeln‹. In der romantischen Vorstellung wird stillschweigend vorausgesetzt, dass die Beteiligten irgendwie wissen, was sich die andere Person wünscht. Unter diesem romantischen Deckmantel kann sich dann umso ungebrochener die patriarchale, meistens heterosexuelle Normalität durchsetzen, die von Grenzüberschreitungen, Rollenbildern und Normen geprägt ist. Im besten Fall kommt dabei ein mehr oder weniger gelungenes Ratespiel heraus. Auch im Bett bzw. überall dort, wo sexuelle Annäherung stattfindet, ist verbale Kommunikation tabu – es gibt ja einen immer wieder bewährten ›Fahrplan‹, die Hierarchie der Berührungen.«

Das Nichtkommunizieren von Wünschen erscheint im ersten Moment vielleicht einfacher, bequemer, leichter. Das entpuppt sich aber als Fehleinschätzung. Wenn Bedürfnisse nicht kommuniziert werden, müssen »Beziehungspartner_innen« irgendwie intuitiv die Grenzen der anderen Person erkennen und ohne Nachfrage muss ihnen klar sein, worauf das Gegenüber nun Lust hat und worauf nicht. Das können dann logischerweise maximal Vermutungen sein, die die Realität im besten Fall ungefähr treffen, denn was Menschen sich wünschen oder als schön empfinden, ist so verschieden wie die Menschen selbst.

Weil ich es nicht treffender formulieren könnte, hier noch einmal ein Zitat aus dem lesenswerten Text von Espi:

»Und ja, offene Kommunikation kann mitunter tatsächlich sehr ›unromantisch‹ werden, weil zum Beispiel sehr früh auseinanderklaffende Bedürfnisse klar werden – aber ich finde es wichtig, um andere Menschen nicht zu verletzen. Denn ebenso wenig wie der ›normale‹ heterosexuelle Fahrplan vorausgesetzt werden kann, kann ich bei keiner neuen Begegnung davon ausgehen, dass mein Gegenüber keine isolierte Zweierberziehung will. Wo die Hoffnungen, Wünsche und Gefühle, welche die beteiligten Menschen mit in eine Begegnung tragen, nicht mitgeteilt werden, sind Verletzungen eigentlich vorprogrammiert. Wenn du einer Person einfach nur einen Augenblick nah sein möchtest, dein Gegenüber aber von einer innigen Beziehung träumt, kann es ziemlich verantwortungslos sein, direkt mit dem Knutschen anzufangen, ohne einander die unterschiedlichen Erwartungen kommuniziert zu haben.

Trotz der viel beschworenen Offenheit ist es für viele Menschen – mindestens anfangs – total schwierig, über sexuelle Phantasien, Wünsche und Grenzen zu sprechen oder sich gegenseitig auszutauschen. Dabei würde es gerade dieser Austausch erleichtern, spontaner und einfühlsamer zu agieren, wenn Menschen körperliche Nähe zueinander aufbauen. Und wo Menschen diese Kommunikation versuchen, können viele Ängste abgebaut und Situationen ›entschärft‹ werden, die vorher mit ganz viel Druck belegt waren. Zum Beispiel weil es selbstverständlich wird, darüber zu reden, welche Berührungen als angenehm oder unangenehm empfunden werden etc. Oft werden in der Kommunikation viele Phantasien und Wünsche erst entdeckt oder entwickelt, weil sich die beteiligten Menschen selbst intensiver mit diesen Fragen beschäftigen.«

Ich habe an mich den Anspruch, mich in meinen Beziehungen nicht an herrschenden Rollenbildern zu orientieren. Vielmehr möchte ich mein Verhalten auf solch typisches Rollenverhalten hin abklopfen, um mich dann kritisch damit auseinanderzusetzen. Fragen, die ich mir dabei stelle, sind nicht nur, woher ich dieses Verhalten habe und wann ich es jeweils an den Tag lege, sondern auch, ob dahinter ein Herrschaftsverhältnis steht und wenn ja, wie ich damit umgehe, ob und wie ich es mir abgewöhnen kann. Wichtig ist, mir klarzumachen, dass ich mich niemals außerhalb des mich prägenden Rahmens bewegen kann. Ich bin auf eine gewisse Art und Weise sozialisiert worden, die nicht verschwindet, nur weil ich mir dessen bewusst werde. Auch die Ablehnung einer mir zugewiesenen Rolle reicht noch lange nicht aus, das damit verbundene Verhalten dann auch tatsächlich abzulegen. Und die Hoffnung, ich könne in irgendwelche Zusammenhänge »abtauchen«, in denen »das alles« kein Thema sei, entpuppt sich immer wieder als falsch. Gerade auch in Gruppen, in denen Emanzipation kein Fremdwort ist, werden Verhaltensweisen unreflektiert reproduziert – sicherlich auch aus Angst davor, uns sonst eingestehen zu müssen, dass Verhaltensänderungen nicht von jetzt auf sofort klappen und tiefer in uns verwurzelt sind, als wir wahrhaben wollen. »Sich die existierenden Rollen bewusst zu machen, kann neue Räume öffnen, um sich neu zu inszenieren und einen spielerischen Umgang damit zu finden – zum Beispiel, indem bewusst Verabredungen getroffen werden, die gewohnten Muster zu verdrehen, zu vertauschen und zu verändern.« So Espi.

Es gibt so fragwürdige Sprüche wie »Eifersucht ist eine Leidenschaft, die mit Eifer sucht, was Leiden schafft«. Ich halte nichts von solchen Aussagen, denn sie stempeln Eifersucht zu etwas ab, für das sich Menschen besser schämen sollten. Es mag zwar stimmen, dass sie in den meisten Situationen die Lage eher komplizierter und schmerzhafter macht, aber Eifersucht nicht zu thematisieren, wenn sie auftritt, ist die schlechteste Option. Weil sie dadurch nicht verschwindet; weil wir uns damit nur selbst fertigmachen, denn für ein Gefühl, das uns belastet, suchen wir die Schuld auch noch bei uns selbst. Damit will ich nicht sagen, dass der Umkehrschluss gelten sollte, besser jemand anderes zu hassen, sondern ich will zur Kommunikation auffordern. Wenn ich mich nicht davor fürchten muss, meine Eifersüchte offen zu benennen und darüber zu reden, ist die Hemmschwelle schon etwas geringer, das Thema anzuschneiden. Genauso verhält es sich mit Verlustängsten, für die ich ebenso wenig eine Patentlösung habe. Ich glaube aber, dass die Auseinandersetzung, wenn sie auch sehr schmerzhaft und strapazierend ist, sehr erkenntnisreich sein kann – auch und gerade weil die Ursachen für diese Gefühle oft in der eifersüchtigen Person selbst liegen (also aus ohnehin schon bestehenden Ego-Problemen resultieren), und dementsprechend die Ursachenforschung eine Suche in der eigenen Vergangenheit darstellt.

»Aus diesem fehlenden Selbstvertrauen heraus kann nicht das Vertrauen in andere entwickelt werden, dass diese dich als besondere Person mit all deinen Ecken und Kanten mögen – und du genau deshalb nicht ›ausgewechselt‹ werden kannst. Dieses ›Unvollständig‹-Fühlen führt zur Flucht in Beziehungen, in der eine andere Person mit Projektionen überfrachtet wird, die unerfüllbar sind und das Problem auch gar nicht lösen. Weil es eigentlich darum gehen müsste, ein positives Grundverhältnis zu sich selbst aufzubauen, das es ermöglicht, als eigenständiger Mensch auf andere eigenständige Menschen zuzugehen. Hilfreich kann es sein, sich gegenseitig jenseits ritualisierter ›Liebes‹-Bekundungen mitzuteilen, warum Mensch die andere Person mag, was sie als eine besondere ausmacht. Und natürlich das praktische Erleben, dass die Zuneigung zu dir nicht endet oder du ausgetauscht wirst, wenn andere Menschen weitere emotionale Bindungen eingehen.« So der Tipp aus dem viel zitierten Text.

Grundsätzlich halte ich es für wichtig, Eifersucht und Verlustängste nicht nur im sexuellen Bereich zu verorten. Eifersüchtig kann auch machen, wenn gemochte Menschen mit anderen Personen Dinge unternehmen, die nicht sexuell oder emotional aufgeladen sind. Eifersucht kann sich genauso bescheuert, real und verletzend anfühlen, wenn sie sich darauf bezieht, wer mit wem im Park Fußball spielen war. Und auch, wenn sie sich gar nicht auf konkrete Handlungen bezieht, sondern einfach nur im Raum steht und sie dadurch trotzdem ein reales Problem darstellt, ob mit oder ohne sexuellen Bezug (egal ob real oder befürchtet oder reine Projektion). Es dann zumindest wahrzuhaben, erleichtert die Auseinandersetzung damit.

# 13

## Direct Action und Empowerment

Wenn ich von Aktionen höre, die anderswo geschehen sind, dann frage ich meistens erst mal nach, was dort genau passiert ist und wie es gelaufen ist; wie die Hintergründe waren; ob es Presseresonanz gab; ob es Erfolge gab. Das ist zum Beispiel so, wenn ich auf *indymedia* von einem Straßentheater lese. Dann ist mein erster Gedanke: »Ach cool, da ist was passiert. Mal recherchieren, was genau.« Manchmal begeistern mich Aktionen auch und ich bin fasziniert von kreativen Ideen anderer Leute. Farbverschmierte »blutige« Kissen an Türen eines Bundeswehr-Imagepflege-Studiengangs zum Beispiel finde ich eine sehr gelungene Idee. Oder dabei zu sein bei den Protesten gegen den Castortransport 2008, der wegen der vielen Aktionen so lange brauchte wie noch nie ein Transport zuvor. Und bis vor wenigen Tagen dachte ich, dass es zwar freudige, aber eben doch nüchterne Reaktionen sind, womit ich Aktionen honoriere. Und dann kam mir eine Geschichte zu Ohren, die mich gerührt hat. Eine Geschichte, die mich hat staunen lassen und die mich unglaublich begeistert hat. Und das, obwohl die Aktionsform als solche nicht besonders spektakulär war.

Es ging um einen Baum – eine Linde. Und ein älterer Herr hatte von den Plänen, diese Dorflinde zu fällen, gehört. Unschlüssig, wie er dies verhindern oder zumindest ein Zeichen dagegen setzen könnte, recherchierte er und stieß auf

Robin Wood. Er rief bei einer angegebenen Kontakttelefonnummer an und berichtete. Er verlangte keine externe Hilfe. Er sagte nicht »Bitte, tun *Sie* etwas«. Nein, dieser ältere Herr rief an, um herauszufinden, was er selbst tun könnte. Die Idee, auf den Baum zu klettern, lehnte der über Siebzigjährige ab, aber den Vorschlag, den Baum nicht freiwillig herzugeben, sondern sich davorzusetzen und sich wegtragen zu lassen, fand er gut. Als er sich am nächsten Tag auf seinen Stuhl unter den Baum setzte, war dann auch die Überraschung seitens der Vertreter der Stadt groß und passenderweise waren auch Pressevertreter vor Ort, als dieser widerständische ältere Herr weggetragen wurde.

Mensch, wie toll, dass es solche Leute gibt. Ich bin berührt und beeindruckt. Solches Verhalten motiviert mich und gibt mir Hoffnung, dass es immer Menschen geben wird, die für ihre Umwelt kämpfen. Danke.

Neulich war ich bei der Polizei und habe nach etwa einem Jahr Klettersachen abgeholt, die bei einer Aktion beschlagnahmt worden waren. Und die Bundespolizei wollte »nur so ganz nett mit mir plauschen« und fragte »ganz nebenbei«, was ich »denn so machen würde, wenn ich nicht Polizisten beschäftigen würde«. Und ich habe ihnen dann geantwortet, dass ich eben das in Vollzeit täte. »Ob es dafür Finanziers gebe«, wollten sie dann noch wissen. Ich erklärte das kurzerhand zum Berufsgeheimnis und deutete an, es gebe da »Mittel und Wege«. Auf die Frage schließlich, was denn nun als Nächstes anstünde und ob wieder ein Castor fahren würde, antwortete ich nur, dass die Herren den Fahrplan sicherlich besser kennen würden als ich, ich bekäme da schließlich keine Urlaubssperre …

Jedenfalls hat mein selbstbewusstes Verhalten die wohl etwas irritiert und dazu geführt, dass ich im Büro keine Sekunde mehr aus den Augen gelassen wurde und sogar der Gang ins Nachbarbüro – nur um ein Formular zu holen – erst angetreten wurde, nachdem ein herbeigerufener Kollege an der Tür Platz genommen hatte und mich im Auge behalten konnte. Ich habe meine Sachen problemlos bekommen und wurde verabschiedet mit einem freundlichen: »Bis zum nächsten Mal.«

Klar, es ist anstrengend, solche Gespräche zu führen und bei jeder Antwort höllisch aufzupassen, dass keine verwertbaren Informationen in meinen Worten stecken, aber es macht auch riesigen Spaß. Und es erlaubt mir, abends mit einem guten Gefühl ins Bett zu gehen: »Heute hast du dich nicht einfach so von denen regieren lassen.«

### Beispiel Vorkontrolle

»O Mann, nicht schon wieder.« Das ist immer mein Gedanke, wenn ich auf eine Demonstration möchte – immerhin ein Grundrecht, nur zur Erinnerung –, und dann steht da eine Polizeikette und »möchte nur mal kurz in meine Tasche schauen«. Ich frage nach dem Grund. »Sie wollen doch sicher auf die Demo.« – »Den Grund wollte ich wissen – nicht, was Sie mutmaßen, wo ich hinwill.« – »Sie dürfen gleich weiter, ich möchte nur kurz …« – »Ja, ich habe verstanden, dass Sie in meine Tasche schauen *möchten*, ich *möchte* das aber nicht und halte Vorkontrollen für Willkür und Schikane.« – »Aber so können Sie das jetzt nicht sagen. Wir machen hier doch auch nur unsere Pflicht.« – »Soll ich Ihnen mal was zeigen? Ich kann es nicht nur sagen, sondern auch schreiben.« Und das ist der Moment, wo ich dann vor den verdutzten Augen der Polizei meine Kreide auspacke und auf den Boden schreibe, dass ich Vorkontrollen für Willkür halte und der Meinung bin, dass die Polizei damit bezweckt, Menschen von Demonstrationen fernzuhalten. »Ich möchte jetzt *sofort* in Ihre Tasche gucken.« – »So? Ich sagte bereits, ich *möchte* das nicht, aber da ich annehmen muss, dass

Sie ansonsten Zwang anwenden werden, lasse ich Sie nun gucken. Aber nur, wenn Sie diesen Befehl auch als Befehl formulieren.« – »Das ist kein Befehl und ich drohe gar nichts an.« – »So? Dann kann ich hier ja durch.« – »Wenn Sie mich nicht in die Tasche gucken lassen, hol ich eine Kollegin.« – »Na sag ich doch: Zwang.« – »Das ist kein Zwang!« Und in diesem Moment zeige ich den Polizisten dann den langweiligen Inhalt meiner Tasche und werde durchgelassen. Und warum das Ganze? Ich glaube, Veränderungen sind immer und überall möglich. Dort, wo uns Herrschaft begegnet, kann sie auch demaskiert werden. Warum demaskiert? Weil Herrschaft nur in manchen Fällen ganz offen zutage tritt. In dem Beispiel eben schien dem Polizisten selbst nicht einmal klar zu sein, dass die Kommunikation nur vordergründig um das ging, was er möchte, und sich dahinter eigentlich ein klar hierarchisches Verhältnis verbirgt. Würden die Vorkontrollettis aber sagen: »Taschen herzeigen – sofort!«, so gäbe es dagegen sicherlich mehr Widerstand. Herrschaft zu tarnen ist ein effektives Mittel, sie zu stärken. Und weil viele Menschen vorauseilend gehorsam sind, fällt die Herrschaft gar nicht mehr auf – sie ist verinnerlicht und wird unreflektiert reproduziert. Das erinnert mich an die Ameisen im Musical *Tabaluga*, die singen: »Der Einzelne braucht nicht zu denken, wenn die Führung funktioniert. / Dieses Glücksgefühl zu schenken, wird vom Staate garantiert.«

Es gibt immer wieder in meinem Alltag mehr oder weniger unvorhergesehene Situationen, in denen ich es für wichtig halte zu intervenieren. Oder jedenfalls intervenieren zu können. Ein Stück Kreide, eine Trillerpfeife und ein paar grundlegende Kenntnisse des Polizeirechts wirken da schon Wunder. Oder mindestens die Fähigkeit, so zu tun, als seien rudimentäre Kenntnisse des Polizeirechts vorhanden. Viele Polizist_innen wissen nämlich ganz oft gar nicht, auf welcher Rechtsgrundlage sie agieren (»Ich hab einen Befehl bekommen«) und lassen sich dadurch prima in Grund und

Boden diskutieren. Da passiert es dann schon mal, dass als Begründung für einen Platzverweis angeführt wird, ich hätte mit einem Flummi gespielt. Schätzungen zufolge sind ungefähr achtzig bis neunzig Prozent aller Platzverweise rechtswidrig – das ist nur leider bedeutungslos, weil ich davon nichts habe. Meist weigern sich die zuständigen Stellen sogar, die Rechtmäßigkeit eines Platzverweises zu überprüfen mit Verweis darauf, dass der Platzverweis ja mittlerweile nicht mehr wirksam sei und es daher nichts zur Sache tue, ob der nun rechtskräftig war oder nicht. Und selbst wenn bei einer Überprüfung herauskommt, dass der Platzverweis rechtswidrig war, wäre es dennoch legal gewesen, mich wegen eines Verstoßes gegen den Platzverweis in Gewahrsam zu nehmen. Schlussendlich habe ich also nichts davon und kann den Bescheid darüber auch als Grillanzünder benutzen.

## Effektiver Klimaschutz dank der Konzerne

Vattenfall sammelt Unterschriften. Vermeintlich für ambitionierten Klimaschutz. Und für jede Unterschrift wird eine kleine Plastikfigur hergestellt, die dann symbolisch für den unterzeichnenden Menschen steht. Und selbstredend kauft Vattenfall dann auch noch Emissions-Ausgleichszertifikate für die bei der Herstellung anfallenden Treibhausgase. Greenwashing heißt das Spiel, habe ich ja bereits dargelegt. Macht sich gut als Werbestrategie, sich zu präsentieren, als würde das Unternehmen seiner ökologischen und sozialen Verantwortung gerecht. Und dass die Forderungen zwar nach Klimaschutz klingen, de facto aber einen Rückschritt in der Klimapolitik bedeuten würden, fällt auch nur ein paar Umweltverbänden auf. Das Absurde: Die Aktionsformen unterscheiden sich kaum von denen mancher Verbände:

Unterschriften sammeln, symbolisch diese Unterschriften übergeben, viel Eigenwerbung machen und das eigene Image pflegen. »Verdammt«, denkt sich da manch eine Aktivistin, die auch schon tagelang im Regen stand, um Unterschriften zu sammeln – und dann kommt Vattenfall, bezahlt Leute dafür, diesen Job zu machen, und kann teurere Werbegeschenke bieten und professionellere Methoden.

Spätestens jetzt ist klar: Andere Aktionsformen müssen her. Solche, die nicht von der Gegenseite übernommen werden können. Am besten solche, die genau das karikieren, was die Gegenseite tut!

## Adbusting

Kommunikation ist das Kernthema jeder Werbung und aller Außendarstellung von Firmen. Das kann genutzt, verdreht, verfremdet werden und dadurch eine ganz neue Aussage erhalten …

Berlin, 2004: Alle in der Stadt reden vom Bankenskandal. Kurz zusammengefasst ging es darum: Die Berliner Bank war pleite und der Grund war keine Wirtschaftskrise, sondern Kredite für Reiche zu unhaltbar günstigen Sonderkonditionen. Dass die Bank daraufhin pleite ging, störte die Politiker_innen wenig, denn das Risiko trug als Anteilseignerin die Stadt, also die Berliner_innen.

Die Marienkirche am Alexanderplatz war von einem Baugerüst verdeckt, an dem ein riesiges – und dementsprechend teures – Werbeplakat ausgerechnet der Berliner Bank hing. »Wir sind Ihre persönliche Bank«, stand darauf.

Doch einen Vormittag lang machten sich dort mehrere Kletteraktivist_innen zu schaffen und dann war in riesigen Buchstaben täuschend echt zu lesen: »Wir sind Ihr Bankenskandal.« Eilig auf dem Weg zur U-Bahn, rastern Menschen ihr Umfeld, sie orientieren sich, aber sie lesen nicht alles genau, ein grober Blick auf das Plakat lässt die Betrachtenden zu dem Schluss kommen, das Ganze stamme von der Berliner Bank – das Bankenlogo stimmt, die Corporate Identity ist gewahrt. Aber dann macht es doch im Hinterkopf Klick: »Bankenskandal? Stand da wirklich gerade Bankenskandal?« Und spätestens jetzt wandert der Blick wieder zu dem Plakat. Und vielleicht fällt dann doch dem einen oder der anderen wieder die Geschichte des Skandals ein und es wird klar, dass die Werbung der Bank eine verlogene Imagekampagne ist.

»Adbusting« nennt sich diese Art des Aktivismus – in anderen Ländern weiter verbreitet als in Deutschland. Es geht dabei um das subtile Verändern von Werbung, um ein Eingreifen, das auf den ersten Blick nicht auffällt und dadurch nach dem Erkennen umso mehr zum Nachdenken anregt. Das geht natürlich auch im Kleinen, mit Aufklebern, Eddings, Sprühkreide. Warum denn nicht an der nächsten Bushaltestelle mal auf die Müllermilch-Werbung draufschreiben, dass hier extraviel Gentechnik drin ist?

## Echt jetzt? Oder doch nicht?

Etwas anders, aber dennoch mit den Symbolen und dem Image anderer spielend geht es weiter:

Cottbus im Sommer 2008: Eine Aktivistin von Robin Wood steht vor Gericht, weil sie Bäume in Lakoma besetzt hat. Dort ist Vattenfall dabei, eine wunderschöne Teichlandschaft zu zerstören. Jahrelang hat es dagegen erbitterten Widerstand gegeben – auch ich habe dort schon eine Woche unter besetzten Bäumen am Lagerfeuer gelebt, um gegen diesen zerstörerischen Unsinn ein Zeichen zu setzen. Der Braunkohletagebau hat sich vorgefressen, die Bagger zerstören die Landschaft und die Aktivistin steht vor Gericht.

Neben solidarischen Freund_innen kommen auch Menschen, die verwundert fragen, wo es hier den versprochenen Sekt gäbe. Sie pöbeln während der Verhandlung, dass die Angeklagte bitte weniger sanft behandelt werden solle und schließlich eine Kriminelle sei. Wir forschen nach dem Grund und eine Frau zeigt uns ganz aufgeregt ein Flugblatt. Sie habe das im Briefkasten gehabt und darin werde ihr Sekt versprochen, von Vattenfall – wir könnten es ja selbst lesen, aber wir sollten ihr das Flugblatt unbedingt wiedergeben, das sei ihres. Feierlicher Anlass sei die Freude Vattenfalls darüber, dass die Justiz ganz im Sinne des Konzerns hart und (un)rechtmäßig gegen diese Leute vorgehe. Gegen jene Chaoten, die nur vermeintlich die Umwelt schützen wollten, eigentlich keine Ahnung haben und denen es doch immer nur darum ginge zu stören. Die Frau ist empört und beschwert sich gegenüber dem Gerichtsgebäude bei Vattenfall. Schließlich geht sie erbost ohne Sekt nach Hause.

Die Presse fragt wegen des Flugblatts bei Vattenfall nach: Was es denn damit auf sich habe. »In verleumderischer Art und Weise wird in dem verteilten Flugblatt im Vattenfall-Firmendesign nicht nur das Unternehmen Vattenfall, sondern zugleich auch die Staatsanwaltschaft Cottbus verunglimpft«, so antwortet ein Konzernsprecher.

Absicht also? Das Ganze ein »Fake«?

Fakes sind gefälschte Schreiben von Firmen, Personen, öffentlichen Institutionen und so weiter. Was ein Fake will? Genau den schmalen Grat treffen zwischen Glaubwürdigkeit und Staunen, Menschen zum Nachdenken anregen, ob das wirklich stimmen kann, was da steht, Dinge ins Licht der Öffentlichkeit zerren. Eine neue Form der Guerilla – Kommunikationsguerilla. Und was es da nicht schon alles gegeben hat: Städte, die anlässlich von Militärfeierlichkeiten den Ausnahmezustand verkünden, das Außerkraftsetzen von Grundrechten wegen anstehender Wahlen verkündet durch die Polizei und Martin-Luther-Jubelveranstaltungen der NPD, die ihm für seinen Antisemitismus danken möchte.

Leider kann ich an dieser Stelle nicht tiefer einsteigen ... obwohl so ein Buch ja auch immer ein wenig Fiktion enthalten darf.

Noch ein paar Worte zum Handwerklichen: Fakes verteilen wirkt auf den ersten Blick ganz einfach, aber der Prozess hat es in sich:

Das Ganze beginnt weit vor den Briefkästen der Menschen, denn irgendwo – erzählt man sich gerüchteweise – muss so was ja auch hergestellt werden. Und das natürlich ohne irgendwelche Hinweise auf die Urheber zu geben. Also entweder auf gut verschlüsselten Computersystemen oder am besten ohne jemals irgendwo gespeichert gewesen zu sein mithilfe eines Programms auf einer Live-CD. Sind diese Raffinessen überwunden, bleibt die Frage, ob Mensch eine vertrauenswürdige Druckerei kennt oder, wenn es bei der billigeren Variante des Druckens und Kopierens bleibt, wer sich hinstellt und kopiert, ohne dabei die Kopien aus den Augen zu lassen. Danach geht es dann, je nach Format der Zettel, ans Falten, denn gefaltet passen sie besser in die Briefkastenschlitze. Schon die ganze Zeit natürlich, ohne Fingerabdrücke zu hinterlassen, also ausgestattet mit Handschuhen und der gebotenen Vorsicht. Und beim Verteilen dann möglichst unauffällig wirken, ganz egal was um einen herum passiert, denn es gilt: Nichts ist auffälliger als wegrennende Menschen und wenig ist unauffälliger als Werbungsverteiler_innen ...

Apropos »unauffällig«: Manchmal ist auffällig sein auch ganz schön wertvoll.

Es ist Nacht und wir ziehen mit mehreren Kleingruppen durch die Stadt und hängen Transparente in Bäume und an Laternen und Fahnenmasten. Die erste Stelle klappt, das Transparent hängt gut lesbar an einem Weihnachtsbaum. Wir ziehen weiter. Unser nächstes Zielobjekt ist ebenfalls ein Weihnachtsbaum. Er steht direkt am Marktplatz neben dem Weihnachtsmarkt. Der hat zwar schon geschlossen, wird aber von einem Sicherheitsdienst bewacht. »Dreist kommt weiter«, denken wir uns und eine Person klettert auf den Baum. Die zwei Security-Männer werden aufmerksam und laufen zum Baum, schauen hoch, sehen glücklicherweise nichts, bleiben aber skeptisch. Ich telefoniere und laufe herum – wie zufällig. Es scheint erst mal zu wirken, und die Security-Leute stellen sich etwas weiter weg, behalten den Baum aber im Blick. Ich bin unschlüssig und traue mir nicht zu, die beiden allein abzulenken. Mir kommt eine Idee und ich rufe den Kletterer auf seinem Handy an, damit ich nicht hochrufen muss. Telefonisch teile ich ihm meinen Plan mit und verschwinde dann in den Seitenstraßen. Ich komme schließlich nach etwa zwanzig Minuten wieder und nun sind wir am Boden zu dritt. Die beiden anderen ziehen los auf den Weihnachtsmarkt: Sie markieren die Besoffenen, lallen und torkeln herum. Der Security-Mann, mittlerweile allein, ist damit vertraut. Er scheint sich zu freuen, dass die beiden keine ernsthaften Anstalten machen, auf die Fahrgeräte und Buden zu klettern, und bleibt neben ihnen stehen und hört sich weiter die Beschwerden darüber an, dass es hier nachts um zwei keinen Glühwein mehr gibt. Derweil hängt das Transparent schon im Baum und der Kletterer kommt ungesehen herunter. Wir gehen zum Wachmann und den beiden »Betrunkenen« und nehmen sie mit: »Nein, es gibt hier keinen Glühwein mehr. Jetzt kommt doch endlich mit, da lang müssen wir. Nein, nicht Karussell fahren. Auf jetzt!« Wir ziehen sie hinter uns her, der Aufpasser scheint erleichtert und wir verschwinden um die nächste Ecke, wo wir alle vier laut loslachen und erfreut nach Hause gehen.

Die Stadt hat das Transparent aus dem Baum übrigens am nächsten Tag abgenommen, aber weil wir fanden, dass der Ort ziemlich gut geeignet war für Transparente, hing an der Stelle dann gleich wieder eins. Auch dieses war dort nicht lange und wurde schnell wieder entfernt. Nachdem das Ganze nun also zu einem Spiel mit der Stadtverwaltung geworden war und wir uns nicht geschlagen geben wollten, betrachteten wir es von der sportlichen Seite und hängten ein drittes Transparent auf – einfach nur um zu zeigen, dass wir noch da sind. Es war komplett weiß.

Zusammengefasst lässt sich sagen: Es gibt Aktionen, die machen einfach Spaß, weil sie einen hohen »Ätsch-Faktor« haben …

## Zwischen strategischem Protest und gekonnter Selbstinszenierung

Bei Aktionen mitzudenken, dass am Ende auch gute Bilder für die Presse rauskommen, ist für mich logisch. Ab und an Aktionen zu machen, bei denen es primär um das Bild für die Presse geht, halte ich auch noch für vertretbar. Eine Großorganisation hochzuziehen, die nichts weiter macht, als Spenden einzuwerben, um damit Festangestellte zu bezahlen, die nichts weiter tun, als Aktionen zu planen und komplett zu choreografieren, finde ich gefährlich. Aktionen, die dazu da sind, weitere Spenden und Bekanntheit einzuwerben, um weitere Aktionen machen zu können und weitere Spenden einzuwerben … Das Ganze ist bald nur noch Selbstzweck.

Ein Vertreter von »campact«, nach Selbstdarstellung ein Online-Protest-Netzwerk, sagte in einem Interview:

»Es ist zentral für eine lebendige Demokratie, dass Leute in Gruppen aktiv werden und auf Demonstrationen gehen. Gleichzeitig gibt es aber viele Menschen, die nicht die Zeit oder die Motivation haben, Politik im realen Raum zu betreiben in Form von Demos oder Gruppentreffen, die aber durchaus bereit sind, mal eine E-Mail zu schreiben oder eine Petition zu unterzeichnen.« (Gespräch mit Christoph Bautz, www.justmag.net)

Es geht campact also überhaupt nicht darum, Menschen

zusammenzubringen und sie zu befähigen, selbst Aktionen zu machen. Die Leute klicken einmal etwas an und haben deswegen dann kein ganz so schlechtes Gewissen mehr, sonst nichts zu machen. Politisch aktiv sein ist aber weniger eine Frage der Möglichkeiten als des Willens.

Ich erkenne an, dass Menschen, häufig gerade aufgrund des herrschenden Systems, kaum Möglichkeiten haben, sich zu engagieren. Dies gilt es aber zu thematisieren und zu ändern. Stattdessen nimmt campact diesen Zustand als gegeben an und bietet den Menschen konsumierbaren »Widerstand« an. Die damit verbundene Illusion stabilisiert das demokratische Herrschaftssystem aber wohl mehr, als dass solcher Protest an den Ursachen grundlegend etwas ändern kann. Befreiung – und das ist in sozialen Kämpfen aller Art jedenfalls mein Ziel – bedeutet für mich, Herrschaft grundlegend infrage zu stellen und anzugreifen. Insofern ist dem campact-Vertreter leider recht zu geben: Ein lebendiges demokratisches Herrschaftssystem braucht nützliche Ahnungslose, die Protest durch ihre Sinnlos-Spendensammelaktionen kanalisieren. Von campact wird behauptet, es gäbe nun einmal Menschen, in deren Leben politische Aktivität nicht hineinpassen würde. Passivität lässt sich aber nicht mit Bequemlichkeit entschuldigen und auch nicht wegklicken.

Bestätigend geht es im gleichen Interview weiter:

»Viele … lesen Zeitungen und regen sich über Entscheidungen in der Politik auf, haben aber nicht die Möglichkeit, sich einzumischen. Diesen Leuten geben wir die Möglichkeit, etwas zu tun.«

Der Online-Protest lässt campact stark wirken und beschert der Organisation viele Spenden. Damit werden dann Festangestellte bezahlt und Aktionen durchgeführt, die mit dem Ursprungsgedanken der direkten Aktion, also dem Eingreifen von Menschen in Abläufe, wenig zu tun haben: Fertig gedruckte Transparente und eine genau durchgeplante Choreografie werden den Leuten vorgesetzt, die dann in der Durchführung nichts weiter sind als Statisten, die das Transparent halten oder einen bedruckten Luftballon steigen lassen dürfen. Die immergleichen Sprecher erzählen dann den Fernsehkameras, was für eine starke Aktion sie da gemacht hätten. Die einzelnen Aktiven vor Ort dienen dabei als Füllmaterial für die Fernsehbilder. Das Ganze nennen die Macher_innen dann auch noch »kreativ«. Damit meinen sie wohl, dass die Protest-Inszenierungen ausreichend unterschiedlich sind, dass den Spender_innen nicht auffällt, was da gespielt wird. Wenn dann auch noch suggeriert wird, hier würde es sich um eine Organisation handeln, die ehrenamtlich Aktive zusammenbringen und zu Aktionen motivieren würde, dann läuft es mir kalt den Rücken herunter. Das passiert zum Beispiel auf *campact.de*, wo es heißt:

»Verknüpft über den Campact-Newsletter ist in den letzten drei Jahren ein Netzwerk von derzeit 110948 Menschen entstanden.«

Ist campact wirklich ein Netzwerk? Laut eigenem Titel nicht nur eines, sondern gar »das Online-Netzwerk politisch aktiver Menschen«. Gibt es hier eine echte Interaktion zwischen den verschiedenen Beteiligten? Ist die Struktur nicht vielmehr hierarchisch und vorgegeben? Und wird der Begriff des Netzwerkes nicht nur verwendet, weil sich das besser anhört, die Leute dann mehr spenden und er Gleichberechtigung und Beteiligung nahelegt? Wurden die Menschen, die irgendwann eine Protestmail unterschrieben haben, gefragt, ob campact in ihrem Namen sprechen darf?

Nicht nur gegenüber den »campact-Aktiven« (als solche_r zählt, wer irgendwann in den letzten Jahren einmal etwas angeklickt hat) verhalten sich die Sprecher_innen von campact vereinnahmend. Auch der Rest der Bewegung wird zur eigenen Profilierung herangezogen. So geschieht dies zum Beispiel in einem Video, das die »Geschichte eines Erfolgs«, nämlich eine Kampagne zum Verbot von Gentechnikmais, darstellt. Darin werden Aufnahmen aus einem halben Jahr

Kampagne gezeigt, und mit keinem einzigen Wort wird zum Beispiel erwähnt, dass ebenfalls innerhalb dieses Zeitraums mehrere Feldbesetzungen stattgefunden haben und zahlreiche weitere Initiativen gegen Gentechnik gearbeitet haben. Es wird zwar nicht explizit behauptet, aber suggeriert werden soll somit, dass das Genmaisverbot einzig durch die Kampagne von campact durchgesetzt wurde. Andere Aktionsformen und Initiativen allerdings zu erwähnen, zu porträtieren und somit tatsächlich gemeinsam zu agieren, würde Spenden kosten und passiert deswegen nicht.

Abgesehen von der Frage, ob ein Genmaisverbot nun ein großer Erfolg oder nicht doch (wenn überhaupt) nur eine kurzfristige Teilverbesserung darstellt, ist das Video auch noch aus anderen Gründen kritisch. Das Bild, das erzeugt werden soll, stellt campact als Netzwerk junger, attraktiver Menschen dar.

Solche Bilder erzeugen Illusionen, so als bestünde campact ausschließlich aus Menschen, die jung und selbstsicher sind und dem allgemeinen Schönheitsideal entsprechen. Was ist mit Alten, Dicken, Kindern und Menschen im Rollstuhl? Widerstand wird chic und cool, gehört zum Lifestyle. Wer widerständig ist, kann damit im Umfeld punkten, weil es »schon irgendwie gut ist, sich auch für was einzusetzen«.

Widerstand ist keine Mode, sondern notwendig!

## Intelligentes Leben aus dem All

»Guten Tag, wir kommen vom Mars und wir haben gehört ...«, sagt jemand zu Ihnen in der Fußgänger_innenzone und hält Ihnen eine Möhre unter die Nase. Und zwei andere Leute mit albernen Verkleidungen stehen daneben und halten einen überdimensionalen Fernsehbildschirm. Und Sie stehen nun inmitten dieses Bildschirms und werden interviewt. Von einer Marsbewohnerin. Noch Fragen?

Also gut. Wir kommen von Mars TV und Sie befinden sich gerade in der beliebten Sendung »Live aus dem All«. Die wird in der gesamten Milchstraße übertragen und ist sehr populär – auf der Erde können Sie das leider nicht gucken, da gibt es Zensur, aber das wissen Sie ja sicherlich besser als wir, denn Sie wohnen ja schließlich hier, oder? Zurück zum Thema der Sendung. Wir haben gehört, hier in dieser Stadt sei es verboten, auf Bäume zu klettern, aber erlaubt, sie zu fällen. Stimmt das? Und wer hat das beschlossen? Aha, ein Gesetz. Und was ist das, so ein Gesetz? So etwas haben wir auf dem Mars nicht, könnten Sie das unseren Zuschauer_innen erklären? Finden Sie das Gesetz mit dem Klettern sinnvoll? Sie finden das nicht sinnvoll? Dann stehen in Gesetzen also unsinnige Dinge? Das verstehe ich jetzt aber nicht – warum machen die Menschen denn dann solche Gesetze? Sie wissen es nicht und wir sollen bei der Stadt nachfragen? In Ordnung. Dann werden wir mal die Stadt suchen, vielen Dank für das Gespräch.

Der *Direct-Action-Reader* des SeitenHieb-Verlages (ohnehin ein empfehlenswertes Werk) beschreibt das Ganze wie folgt:

»Als Straßentheater ist Mars TV eine spannende Möglichkeit und lustige Form, Gesellschaft in Frage zu stellen oder Repression frech zu begegnen. Während Aktionen stattfinden (zum Beispiel Demos oder Blockaden), können Teams von als Mars-Menschen verkleideten Aktivist_innen umherschwirren, Polizist_innen oder Bürger_innen befragen oder einfach nur im Weg sein. Das kann durch lustige Verkleidungen zur Deeskalation führen, aber auch eine kreative Form der Vermittlung zu einer bestimmten Aktion sein.«

Ein Beispiel ist, eine Sendung zu »produzieren« zum Thema Pelz. Die Frage des Mars-TV-Teams könnte lauten, warum denn die einen Tiere auf diesem Planeten den anderen Tieren die Haut abziehen würden, obwohl es doch offenbar andere Methoden gibt, sich vor Kälte zu schützen. Und ob es denn dabei überhaupt um Kälte ginge. Und wenn nicht, warum in aller Welt – nein, warum in allen Universen, die menschlichen Tiere denn auf solche Ideen kommen würden.

Praktisch sieht das so aus: Ein Team aus mindestens drei Marsbewohner_innen findet sich zusammen und stellt eine_n Moderator_in und die zwei anderen halten einen aus Stoff ausgeschnittenen, präparierten Fernsehbildschirm. Der fängt dann die jeweilige zu dokumentierende oder kommentierende Szene ein. Wenn es mehr Menschen im TV-Team gibt, kann natürlich auch noch eine_r den Funkkontakt zum Mars halten und die Regieanweisungen aus der Sendezentrale weitergeben oder die Antennen bei schlechtem Empfang so justieren, dass das Bild wieder perfekt ins All übertragen wird.

Die interviewende Person stellt nun möglichst knackige Fragen, mit denen die Absurdität der jeweiligen Situation auf den Punkt gebracht wird. Dabei bleibt das Mars-Wesen aber immer in einer objektiv-moderierenden Rolle. Durch geschickte Fragen werden die Passant_innen dazu gebracht, kuriose Dinge einzugestehen. Dass Pelze nur aus Prestigegründen getragen werden, dass Gesetze meistens von den Reichen gemacht werden und inhaltlich Nonsens sind, dass die Polizei meist dafür bezahlt wird, im Weg zu stehen etc.

Manchmal kommt auch die Polizei zu solchen Aktionen. Es bietet sich an, die Damen und Herren in Grün (oder Blau) sofort in das Geschehen einzubauen und in der eigenen Rolle zu bleiben. Konkret bedeutet das, auch die Polizei zu befragen, warum denn nun das Klettern auf Bäume verboten und das Fällen selbiger erlaubt sei. Die abgegebenen Antworten sind meist hoch amüsant für Umstehende und offenbaren die absurdesten Überzeugungen. Manchmal verweist die Polizei gleich weiter an das Ordnungsamt, was dann natürlich auch sofort mit Fragen überschüttet werden kann. »Sie sind also die Stadt?«, »Sie haben also was dagegen, dass

Menschen auf Bäume klettern?«, »Das ist nach ihrer Einstellung bei der Stadt entschieden worden? Na, sind Sie nun die Stadt oder nicht?«, »Das steht in einer Verordnung? Und, finden Sie die gut?«, »Wie, die ist Ihnen egal? Sie sind doch die Stadt? Warum gibt es die Verordnung, wenn sogar Ihnen als Stadt das egal ist, wenn Menschen auf Bäume klettern?«

Der *Direct-Action-Reader* geht in seinen Vorschlägen noch weiter:

»Auch bei Repression gegen Demos oder Blockaden kann Mars TV einschreiten, auf diese Weise kann auch auf Mackertum und Hierarchien innerhalb der eigenen ›Szene‹ angespielt werden. Geschichte: Auf dem Mars gibt es keine Herrschaft oder Hierarchien, kein Geld und keinen Krieg, und dabei besitzt jeder genau das, was er braucht. Auf der Erde hingegen herrschen wenige über die meisten. Auf der Erde besitzen wenige das meiste. Auf der Erde herrschen Krieg und Gewalt. Auf der Erde gibt es Geld. Diese für den Mars völlig fremden Begriffe erwecken das Interesse der Marsbewohner. Viele Reporterteams vom Mars sind auf der Erde unterwegs. Sie finden sich an Orten der Herrschaft oder Institutionen des Geldes wieder. Türen sind das Schrecklichste, was sie sich vorstellen können und dass es Menschen gibt, die über andere entscheiden können, ist einfach unerhört, so wie es auf der Erde unerhört ist, dass Mensch sich etwas aus dem Supermarkt mitnimmt, ohne dafür gezahlt zu haben. Dass die Erdbewohner_innen, die nach Auskunft gefragt werden, meistens nicht erklären können, warum Mensch Geld braucht, um leben zu dürfen, steigert die Neugier der Marsianer nur ...«

Mars TV bietet sich auch an, Gerichtsprozesse zu begleiten und die Logik offenzulegen, nach der Justiz funktioniert. Das kann dann beispielsweise so aussehen, wie es der *Direct-Action-Reader* vorschlägt:

»Guten Tag, wir sind ein Fernsehteam vom Mars: Können Sie uns sagen, was hier vorgeht? Auf dem Mars sind wir nämlich nicht daran gewöhnt, dass man Menschen einfach so einsperren kann.« Und dann Nachfragen wie: »Kann ich Sie jetzt auch einsperren und mit auf den Mars nehmen?«; oder: »Und wer verliert, kommt in den Knast? … Nein, die in den schwarzen Roben kommen nie da rein? Wieso das denn nicht, das ist ja wie Fußball, wo eine Mannschaft kein Tor hat …«

Apropos Mars TV, da gibt es ja auch noch die Presse auf dem Planeten Erde …

## Meine Füße im Fernsehen

Wir sind mit dem Robin-Wood-Floß unterwegs – es geht um Klimaschutz und das Medieninteresse ist erfreulich groß. Ich bin an diesem Tag Pressesprecherin und führe einen Kameramann über unser Fortbewegungsmittel. Ich erzähle vom Floß und von unserem Thema, von Ökostrom und erneuerbaren Energien. Davon, dass auch das Floß selbst aus Ökomaterialien gebaut ist, dass die Stämme aus einem ökologisch bewirtschafteten Forst stammen, dass wir sie von Hand entrindet haben und wochenlang über Bauplänen gesessen haben. Ich zeige auch unsere Versorgung und unsere Essenskiste und plötzlich zeigt der Journalist Interesse. Ob ich die Essenskiste noch mal aufmachen und zeigen könnte, was drin sei. Ich spiele mit und werde mitten im Satz von ihm unterbrochen. Nein, ganz hätte es so noch nicht gepasst, ob ich den Deckel etwas langsamer öffnen könnte. Ich spiele immer noch mit. Warum eigentlich? Keine Ahnung, ich muss bekloppt gewesen sein … Wieder passt ihm irgendwas nicht. Ich soll die andere Hand nehmen und etwas später anfangen zu sagen: »Also, das ist unsere Essenskiste«. Ich wiederhole meinen Satz wieder. Diesmal ist er zufrieden, aber ich soll das Ganze bitte noch mal machen, er würde das gern noch mal aus anderer Perspektive einfangen. Was für ein nerviger Mensch. Gut, dass ich danach zur Entspannung direkt schwimmen gehen konnte …

Ich habe den Bericht nie gesehen, wahrscheinlich ging es darin nur um unsere Essenskiste und der Klimaschutz fand nicht einmal Erwähnung. Oder vielleicht kam die Essenskiste nicht mal vor und der ganze Unfug wurde gar nicht gesendet … Zusammenarbeit mit Medienvertreter_innen ist ohnehin ein Thema für sich. Manche sind wirklich cool und die Zusammenarbeit macht riesigen Spaß und bei den Reportagen kommt politisch etwas Sinnvolles raus. Auch unter diesen Leuten gibt es natürlich viele, die als Aufhänger für einen Bericht über die G8-Proteste erst mal filmen, wie ich barfuß laufe. Aber solange dann die politischen Inhalte rüberkommen, ist es mir auch recht, wenn meine Füße gefilmt werden. Aber es gibt immer wieder Erfahrungen, die mich infrage stellen lassen, ob ich überhaupt noch mit Pressevertreter_innen kooperieren möchte.

Zum Beispiel: Ich bin mal wieder mit einigen von ihnen containern. Leider interessiert das Thema »Mülltauchen« die Medien mehr als jede Besetzungs- oder Blockadeaktion. Ich hoffe immer noch, dass es möglich ist, auch in eine solche Reportage hineinzubringen, dass ich das mache, um mir ein Leben mit wenig bis keiner Lohnarbeit zu ermöglichen, damit ich meine Zeit dann komplett in Aktivismus stecken kann. Ich sage solche Pressetermine mittlerweile ab, wenn mir eben dies nicht zugesichert wird. Aber von Zusagen ist nicht viel zu halten. Nicht dass ich es von dieser Zeitschrift groß anders erwartet hätte, aber dass es so dreist passierte, hat mich dann doch überrascht. Trotz anderslautender Absprachen wurden unsere Namen alle abgedruckt, wir wurden nicht vor der Veröffentlichung gefragt, ob die Zitate, die uns in den Mund gelegt wurden, in Ordnung gingen, und die Hälfte des Artikels war frei erfunden. Da steht dann beispielsweise, wer containert, würde in meinen Augen der Industrie eins auswischen. So ein Unsinn … Ich fülle damit meinen Kühlschrank und meinen Magen, sonst nichts. Der Artikel beschreibt dann sogar noch, was und wie wir gekocht haben, obwohl die Journalisten uns da schon gar nicht mehr begleitet haben. Monatlich steht da so verlogener Mist und trotzdem haben das Tausende im Abo! Verrückt.

## Machst du auch mal Urlaub …?

Gute Frage. Ich kann sie nicht genau beantworten, denn es hängt davon ab, wie Menschen Urlaub definieren. Aber immerhin gibt es auch bei mir Phasen ohne Laptop und nahezu ohne Handy. Und das Gefühl, zu viel gearbeitet zu haben und Entspannung zu brauchen, kenne ich auch. Ich überlege dann sogar, mich dann einfach mal eine Woche lang auf eine Nordseeinsel zu begeben und mir ein ruhiges Leben zu machen. Der gute Wille war da, aber es ging einfach nicht. Ich hab es ehrlich versucht, aber es gab auf dieser Insel einfach zu viel zu tun …

Es fing schon auf der Fähre damit an, dass wir auffielen. Weil wir mit Rucksack und nicht mit Rollkoffer unterwegs waren. Und weil wir draußen an Deck standen und es dort ein wenig windiger war als drinnen und wir uns damit »geoutet« hatten als Menschen, denen es egal ist, ob der Wind die Frisur ruiniert. Was weiß ich.

Wir kamen auf dem Campingplatz an und hatten auf dem Weg dorthin schon einen Wegweiser zu einem Denkmal und dem Flughafen gesehen. Ja, es hat wirklich jede noch so kleine Insel einen Flughafen, damit Touristen hin- und herfliegen können. Ist ja auch wichtig, wie würden die Leute sonst dastehen, wenn sie nicht zu Hause erzählen könnten, sie seien in den Urlaub geflogen. Ich werde gehässig … Wir haben uns die ersten Tage tatsächlich zusammengerissen und waren baden und haben den Abend mit Kochen verbracht. Dafür haben uns die übrigen Leute für verrückt erklärt, denn wir haben im Gegensatz zum restlichen Campingplatzpublikum kein Fertigessen gemacht. Aber wenn ich schon Urlaub mache, dann will ich doch auch gut essen. Es war leider sehr teuer, denn containern ging nicht, die Container waren mit Stacheldraht gesichert. Aber mit der Zubereitung von frischen gekauften Sachen haben wir auch jede Menge Menschen verwirrt, die es gewohnt waren, in der Campingplatzküche den Tatort zu gucken. Eines Tages erblickten wir dann in einem Spielwarenladen ein Modellpolizeiauto und einen Hubschrauber und – es war ja Urlaub – konnten nicht widerstehen, sie zu kaufen und damit jede Menge Unfug zu machen. Erstes Ziel: das Polizeidenkmal gegenüber. Ja, richtig gelesen, ein Polizeidenkmal. Drei Kinderfiguren in Lebensgröße, die die Polizeiwache anbeten. Das Mädchen kniet dabei sogar und schreibt ehrfürchtig »Polizei« auf den Boden. Ich muss wohl nicht erklären, warum ich das furchtbar fand. Wir haben sogleich unser Miniatureinsatzkommando geschickt und uns laut darüber unterhalten, wie toll wir es finden, dass die Polizei hier angemessen als »Freund und Helfer« dargestellt wird und wie wichtig es sei, Kindern frühzeitig eine unkritische Haltung gegenüber den Ausübenden des staatlichen Machtmonopols zu vermitteln. Immerhin sind das ja »die Guten«. Es haben sich dann tatsächlich ein paar Leute gewundert – sowohl über uns als auch über das Denkmal.

Nachdem unser Weg fast jeden Tag am Flughafen vorbeiführte, beschlossen wir, auch diesem einen Besuch abzustatten, bewaffneten uns mit Kreide und schrieben auf den Boden im Eingangsbereich »Fliegen killt Klima«. Ein paar Kinder haben den Spruch laut vorgelesen und ihre Eltern auf dem Weg zum Rundflug gefragt, was das bedeute. Aber wie leider in vielen Familien üblich, bekamen sie auf diese scheinbar unangenehme Frage keine Antwort. Da wurde wohl bereits Urlaub geplant und das sollte ausgeblendet werden. Oder die Leute haben immer Urlaub im Kopf und blenden ständig aus, was sie selbst tun und verursachen. Ich weiß es nicht. Wir haben das »Aktiönchen« fotografiert, das Bild nach Frankfurt in den besetzten Wald geschickt und uns solidarisch mit dem Widerstand gegen den dort geplanten Flughafenausbau erklärt.

Auch das andere Denkmal wurde von uns noch aufgesucht. Und was fanden wir? Ein Kriegerdenkmal. Eines, das eines Infanteriegenerals gedenkt beziehungsweise diesen zum Helden macht. Bei der Eroberung von Lüttich starben mehrere Tausend Menschen, und auf dieser Insel steht ein riesiges Denkmal, das tatsächlich »dem ruhmreichen Führer« gewidmet ist. Widerlich. Als wir einige Stunden später nochmals vorbeischauen, steht dort in großen Buchstaben: »Kriege verhindern. Armeen abschaffen«, und wir freuen uns über das schöne Fotomotiv. Es wäre ja auch zugegeben etwas langweilig gewesen, einfach nur Strandbilder als Urlaubspostkarten zu verschicken …

# 14

## Die Sache mit den Schubladen

»Den Stern kenne ich – du bist Kommunistin!« Was …? Ach so, den Aufkleber auf meinem Kalender meint der Typ neben mir im Zug. Ja, da klebt tatsächlich auf meinem Kalender ein Aufkleber mit einem fünfzackigen Stern. Und was passiert, wenn Leute den sehen? Die Schublade »Kommunist« geht auf, ich werde dort einsortiert und ab jetzt ist unerheblich, was ich sage, alles stärkt die Auffassung, ich sei Kommunistin. Bestimmt gehöre ich auch zu den Menschen, die der DDR nachtrauern und für die Bananen überflüssiger Luxus sind. Und das nur, weil ich den Aufkleber irgendeines Politprojektes auf meinen Kalender geklebt hatte. Manchmal lande ich auch in der Schublade »Hippie«, weil ich barfuß laufe. Dass ich auch mit Absatzschuhen laufen kann, in meinem Schrank ein Ballkleid hängt und ich Spaß am Tanzen habe, passt nicht in dieses Bild. »Öko« ist auch so eine Kategorie, in der schnell landet, wer schon mal einen Baum besetzt hat, um ihn vor der Fällung für irgendein größenwahnsinniges Bauprojekt zu schützen. Dass ich das nicht mache, um mit dem Baum zu kuscheln und am Lagerfeuer darunter sitzen zu können, sondern um zum Beispiel die Fraport davon abzuhalten, den ohnehin schon gigantischen Flughafen AG in Frankfurt weiter auszubauen, und dass ich – hielte ich das für taktisch sinniger – ebenso das Betonterminal besetzen würde, glauben mir viele Leute dann nicht.

Und so ist es oft, Kategorien greifen zu kurz, dienen als Hilfskonstrukte, um die Realität beschreibbar zu machen. Wäre ja auch alles nur halb so wild, wenn mit der Einsortierung in Kategorien nicht meist auch eine Wertung vorgenommen würde und eine Auseinandersetzung mit den Inhalten, die Menschen vertreten, nicht mehr stattfindet, weil schon klar zu sein schein: »Die is ja schließlich Kommunistin und die sind alle so.« Selektiv wird dann nur noch wahrgenommen, was mit in die Schublade passt und das bereits gefällte Urteil untermauert.

Und noch ein Problem gibt es mit den Kategorien: Wenn ich mal ein Wort gefunden habe, in dem ich mich und meine Anschauungen wiederfinde, dann weiß ich nie, ob andere in dem Wort etwas Ähnliches sehen und mich nicht für etwas ganz anderes halten. Eine Paradebeispiel ist »Anarchist_in«. Bei dem Begriff bekommen die meisten Menschen Angst, denken an ausgeraubte Supermärkte, brennende Städte, verwüstete Straßen, Chaos, Mord und Totschlag. Und dann kann ich erzählen, so viel ich will, von freien Menschen, die sich absprechen, sich aufeinander einlassen, miteinander arbeiten, wenn sie mögen, es lassen, wenn sie keine Lust mehr haben. Von Menschen, die nicht morgens um fünf aufstehen müssen, weil sie keinen Chef haben. Menschen, die gern miteinander und füreinander da sind oder sich zurückziehen – wie sie es eben selbst wollen. Von freien Menschen in freien Vereinbarungen.

Meine Lieblingsbeschäftigung – in Aktion sein!

# ANHANG

## Anmerkung zur verwendeten Sprache

Ich verwende den gender-gap (zum Beispiel Politiker_innen), um damit auch in der gedruckten Sprache allen Menschen Raum zu geben. Neben Männern und Frauen möchte ich mit dieser Schreibweise explizit auch all jene einschließen, die sich nicht einem dieser beiden Geschlechter zuordnen beziehungsweise zuordnen lassen wollen.

## Tiramisù, vegan

Warum ein Tiramisù-Rezept? Weil Tiramisù eine der Speisen ist, von der mir Menschen am wenigsten glauben, dass sie auch vegan gemacht werden kann. Genauso hätte ich ein Tortenrezept oder eine Pizza-Backanleitung abdrucken können.

**Zutaten:**

- 200 g Tofu
- 300 ml Sojasahne oder Hafersahne
- 250 g Margarine
- 8 cl Rum
- 4 cl Orangensaft
- 8 EL Zucker
- 1 Prise Salz
- 2 Packungen vegane Kekse oder Zwieback
- Kaffee & Kakaopulver

Die Margarine warm machen, Tofu, Sahne, Rum, Orangensaft, Salz + 7 EL Zucker dazugeben, mixen/pürieren. Etwa 2 Tassen Kaffee kochen und mit 1 EL Zucker verrühren. Kekse/Zwieback in den Kaffee tunken und eine Schicht in eine Auflaufform legen, einen Teil der Masse darübergießen. Diesen Vorgang zweimal wiederholen.

Anschließend den Kakao drübersieben, kühl stellen, das Ganze mindestens drei Stunden ziehen lassen, am besten über Nacht.

**Buon appetito!**

## Musikliste

Zum Reinhören und Umgucken, was die Musikwelt da draußen alles zu bieten hat, wenn Mensch mal etwas genauer hinhört, hier eine von mir zusammengestellte Liste ohne Anspruch auf Vollständigkeit mit Musiktipps, versehen mit kurzen Erläuterungen, die selbstredend der beschriebenen Musik in keiner Weise gerecht werden …

**Mutabor**

Polit-Ska-Reggae-Blockflötenpunk. Die Band tourt nach einer mehrjährigen Pause erfreulicherweise wieder; Konzerte nicht zu besuchen, würde ich mir lange übel nehmen.

www.mutabornet.de

**Klaus der Geiger**

Klaus bereichert unter anderem die Kölner Innenstadt mit politischer Straßenmusik oder er spielt, wenn er dazu Lust hat, Geige in verschiedenen Orchestern – ein grandioser Mensch und ein unglaublich guter Musiker.

www.klausdergeiger.de

**Peryton**

Er macht deutsche Gitarren-Chansons; melancholisch, politisch explizit unkorrekt, gewollt provokant – gewöhnungsbedürftig und großartig. Mehr schreibe ich an dieser Stelle

nicht, er wird ohnehin jeden meiner Sätze über ihn genüsslich zerreißen.
www.peryton.de

**Salossi**
Saschi macht Polit-Straßenmusik und Folk und im Zweifelsfall gibt er abends noch ein Spontankonzert in einer Eckkneipe – langweilig ist es jedenfalls dort, wo er mit Fidel, Gitarre oder Mundharmonika auftaucht, nie.
www.myspace.com/salossi

**Dota/Kleingeldprinzessin**
Eine Liedermacherin, die sich entschuldigt, weil nur ein Teil ihrer Texte explizit politisch ist; zugleich eine Sängerin romantischer Lieder fernab von verklärt-rosaroten Stücken über Heile-Welt-Beziehungen.
www.kleingeldprinzessin.de

**Roving bottles**
Folk und Politlieder in angenehmer, sehr tanzbarer Mischung.

**Rüdiger Bierhorst**
Liedermacher. Keine_r kann die Wirkung von Alkohol und die Sehnsucht nach Frühling treffender in Worte fassen.
www.myspace.com/ruedibierhorst

**Mike Godyla**
Der Mann mit Bass. Er kann über Auftragskiller so singen wie über verkorkste Beziehungen, und beides passt zu ihm.
www.mikegodyla.de

**Die Guten**

Politisches Liedgut aus der Phase der rotzfrechen Asphaltkultur – provokant, aufrüttelnd, verleiht jeder grauen Fußgänger_innenzone etwas Farbe und Freude.

www.ab-dafuer-records.de/dieguten.php

**Revolte Springen**

Der lebendige Beweis, dass Musicals publikumsnah sein und gleichzeitig politisch deutlich Stellung beziehen können. Eine großartige Leistung und eine mitreißende Bühnenshow.

www.revolte-springen.de

**Phrasenmäher**

Der Name ist Programm – wer sie sich anhört, möge genießen und zuhören …

www.hochklappdings.de

**Quetschenpaua**

Politischer Ukulelenpunk mit Quetschkommode. Seit vielen Jahren dabei, immer mit neuen Ideen und altbekannten Autonomen-Hymnen – die Mischung lohnt sich.

http://pocketpunk.so36.net

**Rainald Grebe**

Satirische, sarkastische Lieder am Klavier über jeden Menschentyp, jede noch so unmögliche Situation und jede Region Deutschlands, die oft den Nagel auf den Kopf treffen und einen Spiegel vorhalten.

www.rainaldgrebe.de

**E-Egal**

Wer dachte, der Punk sei tot, hat sich geirrt: Nieselregen, Castortransport, Straßenblockade und Live-Musik von E-Egal: Widerstand mit denen macht Spaß!

www.e-egal.de

### Hopalong Knut

Ich habe keine Ahnung, worüber die singen, ich kann kein Norwegisch. Ist so was wie Ska, würde ich sagen, und grob übersetzt heißt das »vorbeihüpfender Knut«.

www.hopalongknut.no

### Ulrich Roski

Wer schon einmal versucht hat, eine Tapete an die Wand zu nageln oder sich für einen gescheiterten Cowboy hält, ist hier richtig. Wer herausfinden will, woher heutige Liedermachende sich ihre Ideen holen, ist es auch.

www.ulrichroski.de

### Brett.Pit

Melancholisch rustikale Lieder am Klavier mit einer steifen Brise. Nicht geeignet für Leute, die Hamburg vermissen – oder gerade doch.

www.ab-dafuer-records.de/brettpit.php

### Atom and His Package

Boygroups sind Mist? Diese nicht, denn Atom steht mit nichts weiter als seinem Effektgerät auf der Bühne – und rockt.

www.atomandhispackage.com

# Links

Dass ich die folgenden Internetseiten/Zeitungen/Zeitschriften empfehle, heißt explizit nicht, dass ich alles strategisch sinnvoll finde, was die genannten Gruppen machen, sondern lediglich, dass ich einzelne Inhalte und/oder Herangehensweisen für spannend halte. Ich kann euch das Lesen und das Anklicken und das Denken nicht ersparen, ich kann lediglich ein paar Tipps geben. Oder wie es »Früchte des Zorns« ausdrücken: Ich mag euch stützen, aber tragen will ich euch nicht.

**Atomkraft**

Eine äußerst umfangreiche Informationsseite eines norddeutschen Netzwerks gegen Atomkraft:
www.contratom.de

Weitere Initiativen/Verbände/Organisationen, die (teils ausschließlich, teils unter anderem) zu Atomkraft arbeiten:
www.nirgendwo.info
www.ausgestrahlt.de
www.hamburg-steigt-um.de
www.duh.de
www.greenpeace.de
www.robinwood.de
www.bund.net

www.bi-luechow-dannenberg.de
www.sofa-ms.de
www.squat.net/aap-berlin
www.castor.de
www.ligatomanlagen.de
www.baeuerliche-notgemeinschaft.de
www.ag-schacht-konrad.de
http://neckarwestheim.antiatom.net
www.aku-gronau.de
www.bbu-online.de

Gentechnik
www.gentech-weg.de.vu
www.gendreck-weg.de
www.gen-ethisches-netzwerk.de
www.biotech-seilschaften.de.vu
www.gendreck-giessen.de.vu
www.genet-info.org
www.gmwatch.eu
www.gentechnikfreie-regionen.de
www.gentechnik-freie-landwirtschaft.de
www.keine-gentechnik.de
www.viacampesina.org
www.saveourseeds.org

Militarismus
www.militarismus-jetzt-stoppen.de.vu
www.dfg-vk.de
www.friedenskooperative.de
www.wri-irg.org
www.bundeswehr-wegtreten.org
www.g8andwar.de
www.kehrt-marsch.de
www.forumzfd.de
www.atomwaffenfrei.de

www.gaaa.org
www.imi-online.de
www.ippnw.de
www.kampagne.de
www.grundrechtekomitee.de
www.pbideutschland.de
www.uni-kassel.de/fb5/frieden
www.soziale-verteidigung.de
www.offeneheide.de
www.freieheide.de

**Juristisches/Knastkritik**

Mit zahlreichen Ortsgruppen ist die Rote Hilfe e.V. in Deutschland der größte Zusammenschluss von Menschen, die von Repression Betroffenen finanziell und mit Ratschlägen zur Seite stehen.
www.rote-hilfe.de

Das anarchist black cross versteht sich als Unterstützungsorganisation Inhaftierter. Selbst explizit anarchistisch, fordert das ABC die Freilassung aller Gefangenen und nicht etwa »nur« der politischen Gefangenen. Die Homepage liefert auch Adressen von Gefangenen und Tipps, was und wie Mensch Gefangenen schreiben kann.
www.abc-berlin.net

Informationen zu den in Straßburg inhaftierten NATO-Gegner_innen und weiteren Fällen von Kriminalisierung antimilitaristischen Widerstands:
www.breakout.blogsport.de

Kritik am Konzept von Strafe und Schuld und die Vision einer davon freien Welt:
www.welt-ohne-strafe.de.vu

Hintergründe und Texte zu und von Thomas Meyer-Falk, der momentan in Bruchsal in der JVA sitzt:
www.freedom-for-thomas.de
www.freedomforthomas.wordpress.com

Stellungnahme von Wolfgang Kaleck, Sönke Hilbrans, Sebastian Scharmer zur Unvereinbarkeit des Berliner Gesetzes über psychisch Kranke mit den Menschenrechten:
www.die-bpe.de/stellungnahme/stellungnahme.pdf

Internetseite zur Ungleichbehandlung von Polizei und Nicht-Polizei vor Gerichten:
www.polizeizeugen.de.vu

Netzwerk für die Freilassung aller politischen Gefangenen:
www.political-prisoners.net

Die Homepage der Interessenvertretung Inhaftierter:
www.ivi-info.de

**Sonstiges**

Umfangreiche Seite mit Tipps, Tricks und Erklärungen zum Thema Direct Action:
www.direct-action.de.vu

Umfangreich, teils chaotisch, widerständig, subversiv, ideengebend und immer einen Besuch wert ist die Seite der Projektwerkstatt in Saasen:
www.projektwerkstatt.de

www.anarchismus.de
www.demokratie-total.de.vu
www.thevoiceforum.org

Was Ernährung mit Klima zu tun hat und weitere Informationen zum Thema Tierhaltung finden sich auf den Seiten des Netzwerkes nandu:
www.nandu.net
www.mampf-dem-klimawandel.de
(das Gegenstück zum Gruseln: www.superwurst.info)

Eine Kampagne gegen ein gigantisches Staudammprojekt in der Türkei:
www.stopilisu.com

Vegan essen gehen? Klar geht das:
www.veganguide.org

Die Berliner Tierrechts-Aktion:
www.berta-online.org

Die Aktionsgemeinschaft Verkehr Nordhessen, die gegen den Bau der A 44 arbeitet:
www.avn.cooltips.de

Mit klassischer Musik gegen Militarismus, Gentechnik und Atomkraft:
www.lebenslaute.net

Ein Informations- und Veröffentlichungsportal für eigene Recherchen und Aktionsberichte – gut geeignet, um einen ersten Überblick zu bekommen über laufende Kampagnen, erfolgreiche Aktionen und nervtötende Diskussionen:
www.de.indymedia.org

Dass es möglich ist, effektiven Arbeitskampf zu führen, und dass Gewerkschaftsarbeit auch spannend sein kann, beweist die anarcho-syndikalistische FAU:
www.fau.org

Geschlechterverhältnisse, Antisexismus und Patriarchat:
www.gender-killer.de

Warum auch Kinderbücher manchmal Probleme mit dem Staat bekommen und Religionskritik nicht erwünscht zu sein scheint ...
www.ferkelbuch.de

Onlinezeitungen
www.graswurzel.net
www.gruenes-blatt.de
www.greenpeace-magazin.de
www.friedenskooperative.de/ff.htm
www.direkteaktion.org
www.zeozwei.de
www.anti-atom-aktuell.de

# Bücher

Ich schreibe nun noch ein paar Zeilen zu Büchern und Veröffentlichungen, die mir lesenswert erscheinen und/oder mir beim Schreiben dieses Buches in die Hände fielen.

**Heinrich-Böll-Stiftung (Hrsg.):**
**Mythos Atomkraft. Ein Wegweiser**

Verschiedene Autor_innen enttarnen in diesem Buch die Propaganda der Atomlobby als Lügengeflecht. Von Klimaneutralität bis Sicherheit, von Generalüberholungen bis zum Endlagerproblem werden hier gut verständliche und genau recherchierte Daten in sinnvollen Einzelkapiteln zusammengefasst und auch für Menschen, die nicht im Thema drinstecken, verständlich erklärt.

**Jörg Bergstedt:**
**Tatort Gutfleischstraße: Die fiesen Tricks von Polizei und Justiz**

Dieses Buch beinhaltet eine akribische Dokumentation des Vorgehens von Polizei und Justiz in und um Gießen. Erzählt aus der Perspektive von Menschen und Überwachungskameras, werden verschiedene Einzelfälle gut verständlich und angenehm lesbar geschildert. Sie vermitteln einen Eindruck der alltäglichen Arbeit von Institutionen, die permanent und konsequent Recht beugen und sich die Welt so zusammenbasteln, wie es ihnen passt.

**Christoph Spehr:**
**Die Aliens sind unter uns! Herrschaft und Befreiung im demokratischen Zeitalter**

Als Aliens beschreibt Spehr jene Menschen, die nichts herstellen, das in irgendeiner Form nützlich sein könnte. Er enttarnt das dahinterstehende Interesse, aus allem möglichst viel Profit herauszuholen und die Ressourcen möglichst gewinnbringend auf Kosten anderer nutzbar zu machen. Dabei macht er nicht den Fehler, die Welt in gute und böse Menschen zu unterteilen, sondern deckt auch immer wieder die Aliens in uns allen auf. Spehr gibt Erfahrungen und Tipps weiter, wie wir uns emanzipieren, von diesen Zwängen befreien und eine andere Welt aufbauen können. Ohne Patentrezept, aber mit hilfreichen Vorschlägen, ist dies ein Buch, das Augen öffnen und zum Denken anregen kann.

**Jörg Bergstedt:**
**Demokratie – Die Herrschaft des Volkes. Eine Abrechnung**

Diese kritische Auseinandersetzung mit dem Konzept Demokratie deckt auf, welche Interessen mitschwingen, wenn in dessen Namen für Dinge geworben wird. Schonungslos enttarnt das Buch, wer in demokratischen Systemen über wen Herrschaft ausübt und wie versucht wird, eben das zu verschleiern, um die Menschen glauben zu machen, sie würden tatsächlich von Vertreter_innen ihrer eigenen Meinung regiert.

**Hauke Thoroe:**
**Herrschaftskritik Analysen – Aktionen – Alternativen**

Herrschaft, wo sie auftritt, zu enttarnen und Strategien zu entwickeln, sie zu schwächen bzw. herrschaftsförmiges Verhalten nicht zu reproduzieren, ist Anliegen dieses Buches. Ob in Verbänden und Vereinen, beim Militär, in der Schule, in der Familie oder in der Geschichtsschreibung – anhand vieler verschiedener Texte und autobiografischer Beispiele werden hier Fragen aufgeworfen, Zusammenhänge neu durchleuchtet und mögliche Wege der Befreiung von Herrschaft aufgezeigt.

**SeitenHieb-Verlag (Hrsg.): Direct-Action-Reader**

Umfangreich und lebhaft werden in diesem Buch verschiedene Aktionsmöglichkeiten geschildert und deren strategischer Einsatz erläutert. Wie kette ich mich an? Was für Tipps gibt es für wirksames Straßentheater? Wie verhindere ich ein Genfeld auf meinem Nachbaracker? Undogmatisch und leicht verständlich stellt dieser Reader die Einsatzmöglichkeiten unterschiedlicher Aktionsformen vor.

**Gewalt? Gewaltfrei? Oder was?**

Bei dieser Empfehlung handelt es sich um kleines A5-Heft, das sich mit der Frage auseinandersetzt, was hinter dem Begriff der Gewaltfreiheit steckt, warum der Begriff in welchen Zusammenhängen benutzt wird und welche Inhalte damit vermittelt werden sollen. Es wird die Frage gestellt, inwieweit Gewaltfreiheit nur noch etwas wie ein Label ist, mit dem Aktionen versehen werden, um einen ganz bestimmten Eindruck zu erzeugen.

**SeitenHieb-Verlag (Hrsg.): Beziehungsweise frei**

Offene Beziehungen zu führen wirkt auf viele Menschen spannend und anziehend. Dass das Konzept freier Vereinbarungen zwischen freien Individuen aber auch viel Arbeit und Auseinandersetzung mit dem Gegenüber und sich selbst bedeutet, wird in dieser Veröffentlichung deutlich. Sie zeigt Möglichkeiten auf, warnt aber vor der Annahme, in offenen Beziehungen gäbe es keine Probleme. Möglichkeiten und Wege werden aufgezeigt, ohne zu rosaroten Traumwelten verklärt zu werden.

**Fragend voran – Befreiung hört nicht beim Menschen auf**

Wie der Titel der Serie bereits andeutet, geht es nicht um Gegenentwürfe, sondern um das Fragen, die Auseinandersetzungen und Diskussionen anregen sollen. In diesem Band geht es um das Verhältnis zu und den Umgang mit nichtmenschlichen Tieren.

**SeitenHieb-Verlag (Hrsg.):**
**Organisierte Unverantwortlichkeit**

Ein Blick hinter die Kulissen der Gentechniklobby deckt den Filz zwischen Patentinhaber_innen, Forschenden, Genehmigungs- und Prüfungsbehörden auf. Ein schockierender Einblick, der offenlegt, warum achtzig Prozent der Menschen in Deutschland gegen Gentechnik sein können und sie trotzdem wächst.

## Abbildungsnachweis

Seite 33: Hanna Poddig; Seite 43: contratom; Seite 47: Michael Schulze von Glasser; Seiten 101, 102: HusumA; Seite 121: Sebastian Vollnhals; Seite 130: Tschüss-Vattenfall; Seite 134: Hauke Thoroe; Seite 203: Tschüss-Vattenfall;

ZK